철학으로서 불교 입문

저자 | 다케무라 마키오

역자 | 이태승, 권서용, 이석환

메타노이아

❁ 한국어 번역에 덧붙여 ❁

이번에 지성불교연구원장 이태승 선생과 권서용 선생, 이석환 선생이 졸저『철학으로서 불교 입문』을 한국어로 번역해 출판해 주셨습니다. 철학적 관점에서 쓴 불교의 입문서가 한국의 독자들에게 알려지게 된 것을 매우 기쁘게 생각합니다. 세 분 선생님의 배려와 후의에 진심으로 감사드립니다.

불교는 종교이지만, 다른 종교에 비하여 그 철학적 의미가 매우 깊습니다. 불교교리에는 현대의 앞선 서양철학에서도 볼 수 없는 정교한 내용이 숨어있습니다. 그러한 내용과 의의를 불교를 알지 못하는 사람들도 알 수 있도록 쉽게 소개한 것이 이 책입니다. 이 책의 주제로는 존재·언어·마음·자연·절대자·관계·시간을 다루고 있습니다. 또한 참조한 불교의 종파는 대승불교 각각의 종파를 횡단하여 화엄종·천태종·조동종·진언종 등 다양하게 걸쳐 있습니다. 다만 전체적으로는 법상종의 유식적 세계관을 기초로 하고 있다고 말할 수 있습니다.

저는 도쿄대학에서 불교학을 배우는 동시에 임제정종(臨濟正宗)의 아키즈키 료민(秋月龍珉) 선생으로부터 참선을 지도받았습니다. 아키즈키 선생은 세계적으로 널리 알려진 스즈키 다이세츠(鈴木大拙)의 애제자입니다. 아키즈키 선생은 다이세츠의 다양한 이야기를 전해주셨는데, 그 가운데 "화엄사상이 동양사상의 정수이다."라는 말을 하셨습니다. 따라서 대학원에 들어간 이후에 화엄사상을 연구하고자 하였지만, 히라카와 아키라(平川彰) 선생으로부터 "화엄종 제3조인 현수대사 법장은 현장삼장의 유식을 연구하는데 힘써 그것을 뛰어 넘는 화엄교학을 대성하였다. 그러니 화엄연구 이전에 우선 유식사상을 연구해야 한다."라는 조언을 받았습니다. 그래서 결국 유식의 연구로 석사학위를 얻고, 나중에 같은 유식 삼성설의 연구로 박사학위를 받았습니다. 그 후『대승기신론』과 화엄사상의 연구를 하였습니다. 어쨌든 유식사상은 대승불교 교리 전체의 기초가 된다고 생각합니다. 그러한 사정에서 이 책은 전체적으로 유식사상에 기초한 설명이 많은 것을 알 수 있습니다.

  실은 이 책을 썼을 때『철학으로서 불교』, 『종교로서 불교』, 『윤리로서 불교』라는 3부작을 만들고자 발원했습니다. 이 명칭에 의한 3부작은 결국 실현되지는 않았지만, 『종교로서 불교』는 졸저『대승불교의 마음』(대동출판사, 2013)이, 『윤리로서 불교』는 졸저『부디스트 에콜로지: 공생·환경·생명의 사상』(농브루사, 2016)이 해당한다고 생각합니다. 결국 저는 불교를 단순히 철학으로서만 보고 있는 것은 아닙니다. 불교사상에는 실로 다채롭고 풍부한 것이 있고, 불교가 종교인 것을 저는 결코 경시하지 않습니다. 그러나 불교의 큰 특징으로서 자기와 세계에 대한 깊은 논리적 규명이 있는 것도 사실입니다. 독자 여러분께서는 깊은 '지(知)'의 세계를 이 책을 통해 접하고 불교에 대한 보다 심도 있는 이해를 해주신다면 저로서는 매우 기쁠 것입니다.

이 『철학으로서 불교 입문』의 최초 간행은 2009년입니다. 지금부터 15년 이상 전이 됩니다만, 덕분에 일본에서는 이후 몇 차례 더 간행되고 최근에도 재 간행되었습니다.

이번에 한국어로 번역을 해주신 이태승 선생, 권서용 선생, 이석환 선생 세 분은 모두 불도(佛道)에 매우 진지하고, 또한 불교학에도 뛰어난 학자들입니다. 그러한 불교학자를 만날 수 있던 것은 진정으로 희유한 일이며, 정말로 고마운 일입니다. 고맙습니다.

이 책에 대한 세 분의 노력에 다시 한 번 진심으로 감사드리면서, 이 책이 한국의 독자 여러분들께 사랑받기를 기대합니다.

2025년 6월 1일
도요대학 명예교수 다케무라 마키오

서

——

불교는 대단히 참신한 철학이다

❀ 서 ❀
불교는 대단히 참신한 철학이다

불교라는 지성

불교라고 하면 어떤 이미지일까. 불교라는 말을 들으면 먼저 절을 떠올릴 것이다. 그것은 집에 가까운 절일까. 교토나 가마쿠라를 방문했을 때의 절일까. 일본적인 고요한 환경에서 청정한 정원이 있고, 소나무가 심어져 있거나 꽃이 피어있거나 할 것이다. 거기에는 세간을 떠난 한적한 세계가 펼쳐져 있을 것이다. 아마도 가까운 절의 경우는 절의 뒤편을 돌아보면 많은 묘지가 있고 향내가 풍기는 경우도 있을 것이다. 그리고 결국 불교라고 하면 장례식을 올리는 종교라고 하는 것으로 귀결될 런지도 모른다.

장식불교(葬式佛敎)라는 말이 자주 사용되듯이 일반적으로 불교는 오로지 사자(死者)에 대한 공양과 관계하는 것으로 생각되기 십상이다. 하지만 돌아가신 분을 정중히 보내고 유족을 정성껏 위로하는 것은 대단히 중요한 일일 것이다. 실제 나도 마음 깊이 존경하는 사람이 있다. 그렇더라도 본래 불교는 돌아가신 분을 위해 있는 것은 아니다. 오히려 살아있는 사람, 살아가는 것의 의지처가 되기 위해 있는 것임이 분명하다. 본래 종교란 그러한 것이다.

불교라든가 종교라는 말을 들으면 무엇인가 이상하게 생각하거나 자신과는 관계가 없는 것으로 생각하는 사람이 많다. 특히 젊은 사람은 더 그럴 것이다. 실제 그런 면도 일부 있는 것은 어쩔 수 없는 일이다.

그러면 인간은 전혀 아무런 근거도 없이 살아가는 것일까. 오히려 뜻밖에 소소한 것에 구애되어 마음의 안정을 찾아가거나 하지 않을까. 신앙상의 차이나 브랜드에 따른 신앙이 있을지도 모르지만, 스승이나 부모의 말을 의지처로 삼는 것은 그 중 나은 것이지만, 점성술이나 혈액형 점술에 의지해 날을 보내고 있을지도 모른다. 그렇다면 옛사람들이 인간의 생명이나 세계를 깊이 추구해간 종교의 가르침을 공부해 보는 것도 나쁘지만은 않을 것이다.

확실히 무조건적인 절대자나 치우친 종파성과 같은 것은 좋지 않다. 그러나 특히 불교라는 종교는 극히 철학적이고 지성을 중시하고 객관적인 진리를 추구한다. 오늘날의 철학과 비교해도 뒤지지 않는 깊은 지성을 가지고 있다. 그것은 분명 사람들의 인생을 어떠한 방식으로든 풍요롭고 깊이 있게 인도해줄 것이다.

지금부터 내가 말하려고 하는 것은 그러한 측면에 한정된 것으로, 곧 '철학으로서 불교'에 빛을 밝혀보려는 것으로 종파성이란 일체 없다. 실제 나는 이것만이 절대 올바르다고 주장하는 입장은 이 지구상의 사회에서는 극복되어야 한다고 생각한다. 그러한 자기종교의 절대주의는 글로벌한 이 시대를 우롱하는 것이라고 생각한다.

이단에서 세계종교로

그럼 먼저 불교는 옛것이 아니라 새로운 것이라는 말로 시작한다. 일본의 불교는 쇼토쿠 태자(聖德太子)의 본격적인 도입과 연구로부터 시작된다고 해도 지장이 없을 것이다. 더욱이 사실을 분명히 추구하는 입장에서는 여러 가지 문제가 있을 수 있지만, 지금은 전통적으로 전해진 쇼토쿠 태자상을 근거로 하여, 대체로 쇼토쿠 태자는 불교를 받아들여 당시 동아시아 제국과 어깨를 나란히 하거나 혹은 다른 나라들보다 뛰어난 문명선진국을 형성하려고 노력했다고 말해도 좋을 것이다. 이렇게 말하는 것은 당시에 있어 불교란 요컨대 학문 그 자체이며, 문명 그 자체이었던 것으로, 가령 궁중에서 불교의 강의가 열리고 있는가의 여부는 그 나라의 선진성의 기준이 되기도 하였다. 그 정도로 불교는 그 당시 '세계기준'이었던 것이다. 따라서 쇼토쿠 태자는 당시 가장 새로운 문명 즉 불교를 받아들여 대국인 중국에도 뒤지지 않을 정도로 당당한 나라를 만들려고 하였던 것이다.

불교가 어떻게 세계기준이 되었는가 하면 역시 거기에는 인간존재에 관한 심오하면서도 더욱이 객관적인 진리가 존재하고 있었기 때문일 것이다. 그렇지 않았다면 바로 그 허망성이 간파되어 마치 헌신짝처럼 버려졌을 것이다.

그렇더라도 그러면 불교는 왜 객관적인 진리를 설할 수 있었는가가 문제이다. 더욱이 그 불교라는 것은 특히 동아시아에 한정해서 말하면, 대승불교(大乘佛敎)이다. 그러면 대승불교는 왜 보편적인 진리를 간직하고 있었던 것일까. 말할 것도 없이 불교에는 대승불교와 소승불교(小乘佛敎)가 있지만, 그 차이에 대하여 독자 여러분들은 알고 있을까. 대승불교란 어떠한 불교인지에 대한 지식을 가지고 있을까. 지금 그 설명을 상세히 할 여유는 없고 후에 다루기로 하지만, 이 대승불교 자체가 석존 이래의 불교에 대한 신흥의 불교이며, 행(行, 선정)의 체험에 근거한 심원한 철학을 전개한 것이었다. 물론 그때까지의 불교에도 그러한 면은 다분히 있었지만, 대승불교는 세계의 분석 등에 있어서 그 이전까지의 분석을 더욱더 깊게 하였던 것이다. 거기에는 대승불교도의 모든 지성이 담겨진 것으로, 금일 존재하는 서양철학에도 뒤지지 않는 '지(知)'의 체계가 구축되었던 것이다. 따라서 대승불교는 최고의 학문으로서 각 나라에 경쟁적으로 받아들여진 것이다.

실은 석존의 사상 그 자체가 그 시대의 전통적 종교인 바라문교에 대한 완전히 참신한 신종교였다. 전통 바라문교의 아트만(Ātman, 常住의 자아)의 사상에 대하여 그것을 정면으로부터 부정하는 무아설을 주장하였다. 당시의 통념과는 정반대의 사상을 설한 것이다. 무아의 가르침에 대해서는 대단히 중요하기 때문에 뒤에서 다시 말하기로 한다. 실로 불교는 그러한 의미에서는 인도 전통사상의 큰 조류 앞에서 오히려 이단(異端)이었다. 그렇긴 해도 그 이단의 불교가 훨씬 깊은 진리를 간직하고 있었기 때문에 세계종교가 될 수 있었던 것이다.

어쨌든 신종교의 신종교[신신종교(新新宗敎)]라고도 할 수 있는 대승불교는 고대 아시아에 있어서 그 선진성으로 인해 당시 최고의 철학 학문으로 간주되고 있었음에 틀림없다. 그러면 그것은 옛날의 일로 더 이상 현대에는 통용되지 않는 것인가 라고 물으면, 나는 전혀 그렇지 않다고 생각한다. 오히려 의연히 실로 현대적이며, 더욱 초현대적이라고 해도 좋을 정도라고 생각될 정도이다.

근대합리주의의 한계

이렇게 말하는 것도, 이야기가 급히 현대로 돌아오지만, 지금 지구환경은 심각한 위기에 빠져 있다. 잘못하면 앞으로 50년도 지탱할 수 없을지 모른다고 까지 말하고 있다. 우리들은 얼마 지나지 않아 사바세계를 떠날 몸이라 괜찮지만 젊은 친구들은 지금부터가 인생의 시작이다. 그것이 아주 불편한 환경 속에 살아갈 수밖에 없고 생명의 안전조차도 위협받고 있다고 한다면, 어찌하면 좋을 것인가. 이러한 사태에 대해서는 우리들도 진지하게 생각해 보아야만 할 것이다. 이러한 상황을 초래한 것은 한마디로 말하면 지금까지의 과학, 기술로, 그 근본은 근대합리주의라고 해도 좋을 것이다. 그 본질은 존재를 주관의 앞에 있는 대상으로만 보고 그 대상을 분할하고 분할하여 더 이상 분할할 수 없는 것을 찾아 그것이 발견되면 그것을 조작해 가는 것이라고 말해도 좋을 것이다. 곧 디바이드 앤드 룰(Divide and Rule)의 입장이다. 이 룰은 이 경우 동사로, 동사의 룰은 '지배한다'라는 의미이다.

확실히 이 입장은 대성공을 거두어 우리들은 물질적으로 대단히 풍요로워졌다. 그 은혜는 헤아릴 수 없을 정도이다. 대량생산도 가능하게 되고 대량소비도 가능해졌다. 그러나 자주 언급되는 것이지만,

거기에는 대량폐기도 동반되고 있다. 그래서 공해가 배출되거나, 환경오염·환경파괴가 멈추지 않고 진행된다. 이것은 여기저기에서 모두가 말하고 있는 것이다.

이 문제의 본질은 사물의 관련성과 전체성의 방면에 눈을 돌리지 않았던 것이다. 여기에는 연구의 대상을 객관대상에만 두고 주체·주관의 측은 불문(不問)에 붙이고 있는 문제도 있다. 주관·객관의 이원론을 의심하지 않고 더욱이 그 객관만을 대상으로 하고 주관의 측은 고려하지 않은 것이다. 하지만 진정한 자신이란 주관의 측, 주체의 측에 있는 것은 아닐까. 주관을 사상(捨象)해버린다면 자신의 것들은 언제까지나 자각할 수 없고, 알지 못하는 것이 되어 버릴 것이다.

즉 개략적으로 말하면 오늘날 지구사회의 위기의 배경에는 주객이원론, 요소환원주의가 있다고 말할 수 있다. 하지만 불교는 그러한 입장에 처음부터 근본적인 비판을 가하고 있다. 비판이라는 것은 공격이 아니라 음미·검토를 뜻한다. 불교의 근본개념은 무아(無我)와 연기(緣起)라고 할 수 있는 것으로, 그것은 근본적으로 실체(實體, 자기 자신으로 자기의 존재를 유지하는 상주 불변의 존재)를 부정하고, 관계주의적 입장에 서 있는 것이다. 이 관계주의적 세계관이야말로 오늘날의 생태학의 근본이며, 혹은 프렉탈이나 복잡계와도 관계하고 있다. 연기[관계론]의 철학을 최고조로 고양시킨 화엄의 사상, 중중무진(重重無盡)의 연기를 설하는 그 화엄의 사상 등은 실로 초현대적인 것 그 자체이다.

이러한 이유로 불교는 실로 극히 현대적인, 근대합리주의를 초월해 미래를 여는 사상을 풍부하게 간직하고 있다. 지금부터 해설해 가는 주제에는, 예를 들면 아뢰야식(阿賴耶識)이라는 마음이 있다. 그것은 심층의식의 것을 말하고 있지만, 의식 아래의 세계에 대한 규명은 서양에서는 프로이트(Freud, 1856~1939)나 융(Jung, 1875~1961) 이래 극히 최근의 일일 것이다. 그러나 불교에서는 1500년 이전의 옛적부터 그 세계에 관심을 갖고 더욱이 그 세계를 체계적으로 이론화시켜 왔다. 융이 임상에서 주목한 만다라양식의 그림에 대해서도 훨씬 옛적부터 불교[밀교]는 사용해 왔다.

아톰[원자]적으로나 형이상학적으로나 상주불변의 실체적 존재를 부정하는 공(空)의 입장은 서양 현대사상의 주류지만, 불교는 이것을 2천년 이상이나 앞서 다루며, 그 공성의 사상은 오늘날, 기독교의 신 [절대자]의 해석에 조차 깊은 영향을 미치고 있다. 신을 순야타(Śūnyatā, 공성)로 이해하는 쪽이 도리어 예수가 분명히 밝힌 신에 가깝다고 조차 말하고 있다(ジョン·B·カブ·Jr著, 延原時行譯, 『對話を越えて—キリスト教と仏教の相互変革の展望』行路社, 1985年, 203-204項 參照). 일찍이 일세를 풍미한 뉴 에이지 사이언스의 기수 프리초프 카프라(Fritjof Capra, 1939~)는 이론물리학의 첨단이 보이는 세계관은 불교 등의 고대 동양의 신비주의가 나타내는 세계관 모델과 일치한다는 것을 열심히 주장하였다. 이러한 것들로부터도 얼마나 불교가 초현대적인가가 알려질 것이다. 따라서 불교는 고금을 통하여 항상 신선함을 갖추고 있었던 것이다.

자기란 무엇인가를 규명하다

불교에는 그러한 면이 다분히 있지만, 불교의 본지는 역시 종교로서, 세계에 대한 뛰어난 분석·파악에만 그치지 않는 면이 있다. 그것은 자기란 무엇인가가 근본주제가 되어 있다는 점이다. 인생이란 결국 자기 탐구의 여행이라고 할 수 있을 것이다. 그것에 대한 수긍, 이해가 있어서 비로소 사회생활도 확실한 토대에 근거해 보낼 수 있음에 틀림없다. 그렇다고 해도 그렇게 간단히 자신을 찾는 것은 아니라고 생각하지만, 그렇더라도 불교는 본래의 자기란 여기에 있는 것은 아닌가라고 갖가지로 가르치고 있다. 무아라고 하는 방식 속에 있는 본래의 자신을 가리키고 있는 것이다. 따라서 감사하고 기쁜 일이다.

종교라고 하면, 신을 믿거나 부처를 믿거나 신성한 것을 믿거나 하는 것이라고 생각할 수 있지만, 나는 반드시 그렇다고 생각하지 않는다. 오히려 "자기란 무엇인가"를 규명하는 길이 종교라고 생각한다. 이것을 옛사람은 '기사구명(己事究明)'이라고 했던 것인데 멋진 말이 아닐까. 이것을 철저하게 해 두고 싶다. 철저히 하여 자기 생명의 의미를 찾아간다. 그런 가운데 자기를 초월한 존재와 만나는 일도 있을 것이다. 자기가 절대적으로 부정되거나 또 절대적으로 긍정되는 불가사의한 일을 만나는 것도 있을 것이다.

예전에 실존주의라는 철학이 크게 유행한 적이 있었다. 키에르케고르(Kierkegaard, 1813~1855)를 비롯해 사르트르(Sartre, 1905~1980)나 하이데거(Heidegger, 1889~1976)도 그 흐름 속에 있었다. 그것은 본질 혹은 보편적인 진리 등은 없고, 지금 여기의 현실만이 모든 것에 앞서 있다고 하였다. 궤범이나 가치관도 모두가 붕괴한 황야에 홀로 서 있는 모습이다. 그렇기에 감히 거기에 선 자가 더욱이 그곳을 돌파한 곳에 종교의 구원이 있는 것은 아닐까.

　현대의 사상 상황에는 허무주의[니힐리즘]가 뿌리 깊게 스며들어 있다. 니체(Nietzsche, 1844~1900) 이래 신은 죽고 모두가 상대화되고 혹은 단지 자본주의의 시스템이 움직이고 있는 것뿐으로, 이 둘도 없는 생명에 대한 반응조차 없이 지낼 뿐이다. 그러한 빛바랜 시대가 현대이다. 그러나 불교는 이미 말하자면 그러한 허무주의를 철저히 꿰뚫어 보고 그리고 그것으로부터 벗어나 진실의 자유와 생명의 향기를 획득하는 길이 되고 있다. 좀 더 나아간 표현으로는 유희삼매(遊戲三昧) 속에서 타자에게 하염없이 봉사하는 생명력이 분출하고 있다. 이러한 것을 표현한 선구(禪句)가 있다. "다른 치성인(痴聖人, 부족함이 있는 성자, 역자주)을 고용하여 눈[雪]을 머리에 이고 우물을 메운다"이다. 우물을 메우려고 내리는 눈을 계속해서 우물 속으로 던지는 모습이다. 아무 것도 되지 않는 일을 묵묵히 행하는 것으로, 공(功)이나 이득이나 명성 어느 것도 돌보지 않는 경지이다. 더욱이 여기의 '다른 치성인'이란 실은 자기 속에 있는 본래의 자기를 가리킨다.

자기 탐구의 여행에

　다시 한 번 말하면 종교란 본래는 무턱대고 무엇인가를 믿는 것이 아니라 한결같이 자기를 탐구하는 여행의 길이라 할 수 있다. 그것의 가장 전형적인 상징은 『화엄경(華嚴經)』「입법계품(入法界品)」의 선재동자(善財童子) 구도 과정의 이야기일 것이다. 예전엔 누구도 선재동자를 알고 있었지만 지금 선재동자를 아는 사람이 있을까? 선재라는 소년이 53인의 선지식을 방문하여 가르침을 청하고 성장하며 마침내 일생의 구도 여행에서 성불을 이루었다는 이야기다. 지금 말한 내용에서도 선지식(善知識)이 무엇인지, 성불이란 무엇을 말하는지 모를 사람이 많을 것이다.

선지식이란 본래 '선한 벗'이라는 의미지만, 인생에서 자신을 인도해주는 덕이 있는 사람정도의 의미이다. 소위 지식이 아니라 인간을 말한다. 선재동자는 53인의 선배를 방문하여 겸허히 가르침을 받고 성장해 간다. 도카이도(東海道) 53개소의 숙소[역]는 이것에 유래한다는 설도 있듯 옛날에 이 이야기는 유명하였다.

성불이라는 것은 실제 부처가 되는 것이지만, 본래 부처라는 것은 무엇인지가 문제이다. 부처라는 말은 붓다(Buddha)라는 산스크리트어이지만, 그 의미는 각자(覺者), 눈뜬 자, 진리를 자각한 자란 의미이다, 진실로 자기실현을 이룬 자란 의미이다. 이 자기실현이란 자신의 생명을 한없이 중시하고 또 타인의 생명도 어디까지나 중시하는 방식을 성취하는 것이라 말할 수 있다. 성불이라는 말을 잘못 알고 죽는 것이라고 생각지 않았으면 좋겠다. 일본에서는 죽는 것을 성불이라든가 석가가 되었다든가 등의 말로 잘못 통용되고 있다.

어쨌든 인간으로 태어나 누구라도 한번은 자기 탐구를 하지 않으면 안정될 수 없을 것이지만, 그것을 진정한 의미에서 달성할 수 있는 것은 순수한 마음을 가진 자라는 것을 선재동자가 직접 보여주고 있다. 부끄럽지만 나도 생애 단 한번 동자가 되고 싶다.

이러한 이유로 불교는 사상·철학으로서 대단히 재미있고 또 동시에 모든 사람에게 앞으로의 인생에 풍요로움을 전해줄 것이다. 따라서 이제부터 이 『철학으로서 불교 입문』의 내용을 꼭 읽어보길 바라는 바이다.

제1장 존재에 대하여

본체 없는 현상의 생성

❧ 제1장 존재에 대하여 ❧
본체 없는 현상의 생성

'있다'라는 것

그러면 불교 사상을 해설하는 것으로 먼저 불교가 '존재'를 어떻게 보고 있는가에서 시작해 보도록 하자. '존재'라고 하면 무엇인가 심오한 느낌을 줄지도 모르지만, 실제 불교는 '철학' 그 자체인 것이다. '있다'는 것은 무엇인가? 있다는 것은 어떠한 것인가, 그 외에 인식·언어·시간 등 그러한 것을 정확하게 밝혀내는 것이다. 이 책에서는 그것들을 대강 해설해 갈 예정이지만, 우선은 존재의 문제를 생각해 보도록 하자.

보통 우리들은 사물이 있다고 생각한다. 찻주전자가 있고, 그릇이 있다. 책상이 있고, 의자가 있다. 그 밖에 여러 사물들이 있다고 당연한 듯이 생각할 것이다. 그것으로부터 자신도 있다고 생각한다. 태어나서부터 지금에 이르기까지 변하지 않는 자기가 있다고. 그런데 이것은 당연한 것 같지만, 그러나 이 지점이 사안의 핵심이다. 도대체 그것은 참으로 있는 것일까?

가령 찻주전자, 이것은 과연 있는 것일까? 주전자라고 해도 실제는 흙의 미립자가 견고하게 결합하고 있을 뿐, 있는 것은 그 미립자만이 아닐까? 만약 책상의 모서리에 부딪히면 깨져 버린다. 왜냐하면 참으로는 임시로 미립자가 끊어지지 않도록 유지되고 있는 것에 지나지 않는 것이다. 만약 그렇다면 하나의 주전자라는 본체는, 주전자라는 본체가 있는 것[실체]은 없다고 말하지 않을 수 없다.

그렇다면 그 흙의 미립자는 있다고 할 수 있을까? 그 미립자도 소위 흙의 입자도 탄소나 규소 등의 모임이라면, 흙의 미립자도 미립자라고 하는 하나의 본체가 있는 것은 아니게 된다. 오히려 그러한 각종의 원소만이 있는 것이 되지만, 지금은 그 원소라 해도 미립자의 모임일 것이다. 양파처럼 벗겨지는 것은 아니지만 어디까지나 벗겨져도, 중심인 핵과 만날 수 없을지도 모른다. 그렇다고 한다면 찻주전자는 참으로 있다고 말할 수 있을까? 적어도 찻주전자라는 하나의 본체는 있을 수 없다고 인정해야 할 것이다.

생각해 보면, 세상 속에 있다고 생각되는 것으로 참으로 있는 것은 거의 없는 것일지도 모른다. 책상은 목재의 모임에 지나지 않는다. 하나의 책상이라는 본체가 있는 것이 아니다. 의자도 마찬가지이다. 지금 고등학생은 학교에 무엇을 입고 가는 것일까. 사복 혹은 그렇지 않으면 제복인가. 옛날에는 학생복이라는 것이 있고, 다섯 개 정도의 금단추가 붙어 있는 새까만 색깔이었다. 그 학생복 혹은 사복도 도대체 있다고 말할 수 있을까? 실은 옷은 천으로 만들어진다. 그 천은 실이 종횡으로 직조된 것에 다름 아니다. 그렇기 때문에 참으로 천이라고 하는 것이 아니라 실만이 있을 뿐이다. 그렇다면 학생복도 사복도 다만 실만 있을 뿐이다. 실에는 학생복도 사복도 없다. 이런 결론을 부정할 수 있을까?

이것은 삼림이라는 존재, 숲이라는 존재에서도 마찬가지이다. 나무는 있어도 삼림이나 숲은 없다. 고등학교, 그것도 마찬가지이다. 학생이나 교원이나 건물과 교정은 있어도 고등학교는 없다. 삼림이나 고등학교와 같은 것은 있다고 말할 수 없는 것은 당연하다. 그러나 책상이나 찻잔은 약간 다르다고 말하고 싶을 지도 모르지만, 그러나 결국은 같은 것이라는 것을 통찰하지 않으면 안 된다.

아무래도 세상에 있다고 생각되는 것은 그와 같은 것이다. 그렇다면 대체 참으로 있다고 말할 수 있는 것에는 무엇이 있다는 것일까? 이 경우 자연과학은 물질을 구성하는 요소를 찾고 더 이상 나눌 수 없는 것을 추구했다. 그것이 지금의 쿼크(quark)라든가 서브쿼크(sub-quark)와 같은 것인지도 모르지만, 역시 그것 자체로서의 본체를 지니며 상주불변하는 그러한 의미라고 말할 수 있는 것은 어디에도 보이지 않는다.

변하지 않는 자기는 있는가?

한편 자기라는 존재는 있는 것일까? 아마도 자기는 틀림없이 있다고 생각할 것이다. 데카르트(Descartes, 1596-1650)는 "나는 생각한다. 고로 나는 존재한다."라고 말했다고 한다. 그렇지만 그러한 자기라는 확고한 존재가 참으로 있는 것일까? 이 자기에 대해서도 해부의 메스를 들이대 보기로 한다. 논의의 시작부터 부담스러운 과제를 내밀었지만, 그러나 불교에서는 여기가 입구이기 때문에 이 문제를 피할 수는 없다. 그렇다면 태어나서 지금에 이르기까지 변하지 않는 자기란 도대체 어디에 있는 것일까?

신체는 갓난아기로부터 어린이·청년·장년으로 성장하여, 메타포지만 약간 호리병처럼 되어, 이윽고 노년으로 쇠퇴해 가기 때문에 변하지 않는다고 말할 수 없다. 세포는 교체되어 가며 어디서든 변하지 않는 것은 찾아낼 수 없다. 마음이라고 하지만 계속해서 생각이 일어날 뿐 그 어디에도 변하지 않는 것은 보이지 않는다.

도대체 자신의 어디에 변하지 않는 자기, 상주하는 자기가 있을 수 있을까? 그렇기 때문에 불교는 무아를 표방하는 것이다. 다만 무아라고 해도 전혀 이 자기가 없다고 하는 것은 아니다. 여기서 부정되는 '아(我)'라고 하는 것은, '상(常)·일(一)·주(主)·재(宰)'라고 규정되는 것에 관한 것이다. 상주이며 변화하지 않는 동일자이자 게다가 주체적인 존재로서 생각되는 것에 관한 것이다. 실제 보통 우리들이 별다른 반성 없이 생각하는 자기의 내용을 밝히면, 그러한 것이 되는 것으로, 그것에 관해서 없다고 부정한 것이다. 그것은 그러할 것이다. 상주하는 자기 즉 태어나기 전부터 존재했으며 죽은 뒤에도 있는 자기 등은, 있다고는 도저히 생각할 수 없음에 틀림없다. 독자들 중에는 나는 태어나서 죽을 때까지 결코 변하지 않는 자아를 생각하고 있다고 말할 수 있는 사람도 있을지 모르지만, 그러한 것을 철학적으로 반성해 보면 없어질 것 같지 않은 상주하는 자기가 되어 버려, 결국 불교가 정의를 내리고 있는 자아와 같은 것으로 되어 버린다. 그것은 역시 없다고 말할 수밖에 없는 것이다.

그와 같이 무아라는 것은 그 '상·일·주·재'의 존재에 한해서 부정한 것이며, 지금 여기에 살아 있는 자기, 변화하여 멈추지 않는 존재 방식 속에 생생하게 살아 있는 둘도 없는 자기마저도 부정한 것은 아니다.

그런데 보통 범부인 우리들은 '상·일·주·재'와 같은 자아가 무의식 속에 있다고 생각하고, 게다가 그것에 집착하여 이것도 아니고 저것도 아니라고 괴로워한다. 자기를 타자와 비교하여 무엇인가 자기를 지키려고 고심한다. 이것에 마음에 짚이는 점이 있는 것이라 생각한다. 여기에 근본적인 미혹이 있는 것이다. 그렇기 때문에 저 니시다 기타로(西田幾多郎, 1870~1945)도 "미혹의 근원은 자기의 대상논리적 사고방식에 연유하는 것이다."라고 말하고 있다.(「場所的論理と宗教的世界觀」 『西田幾多郎全集』第10卷 岩波書店, 2004年, 326項)

자기 자신을 보존하는 것

이러한 이유로 자아도 참으로 있다고 말할 수 없고, 한편 세간 속의 모든 사물도 참으로 있다고 말할 수 없는 것으로 되어 버렸다. 그렇다면 도대체 무엇이 어떠한 의미에서 있다고 말할 수 있을까?

불교의 존재에 대한 사고방식으로서 우선 사물만이 있고 마음이라는 것은 없다고는 보지 않는다. 사물도 현상, 마음도 현상으로 보고 같은 현상세계로 보고서 그 천변만화(千變萬化)해 가는 세계 속에서 자기 자신을 보존하는 것이 있다고 한다면, 우선 그것을 있는 것이라고 보는 것이다. 무엇보다도 이 있다고 하는 것도 적어도 우리들이 보통 있다고 생각하지만, 실은 표면적인 겉으로만 그럴싸하게 보이는 것보다는 이 현상세계의 실질을 확실히 담지하고 있는 것이라고 할 정도의 의미이다. 우리들이 있다고 생각하고 있는 것은 이미 없어져 버렸기 때문에 우선 그 세계의 실질을 이루고 있는 것에 대해서, 불교는 어떠한 방식으로 파악하고 있는가를 들여다보도록 하자.

불교에서는 '자기 자신을 보존하는 것'을 우선 있는 것으로 생각한다. 그것을 다르마(dharma) 즉 법(法)이라 부른다. 다르마라고 하면, 정월달 절에서 팔고 있는 눈에 잘 띄는 붉은 색깔의 아이 모습을 한 달마 상을 떠올릴지도 모른다. 저 달마는 선종을 인도에서 중국에 전한 조사 보리달마(菩提達磨, Bodhidharma)라는 사람의 이름이며, 그것은 다르마의 의미의 하나인 진리라는 의미를 취하여 이름 붙인 것이다.

실제 다르마라는 말에는 많은 의미가 있다. 다르마는 원래 산스크리트어의 '드흐리(dhṛ)'라는 '보존하다'는 의미의 동사에서 나온 말로서, 핵심은 '보존하는 것'이라는 의미이다. 법률은 사회의 질서를 보존한다. 그래서 법률도 다르마이다. 자연법칙은 우주의 진행을 보존한다. 그래서 자연법칙도 다르마이다. 따라서 우주의 진리도 다르마가 되며, 그것을 설한 가르침도 또한 다르마이다. 이것은 설법의 의미이지만, 교법이라고도 하여 가르침으로서의 법이라는 것이 된다.

이것은 거의 보편적인 것이라는 의미가 되지만, 그와 같이 보존하는 대상이 무엇인가의 전체에 걸친 것이 아니라, 오히려 개개의 자기 자신인 것, 즉 자기 자신을 보존하는 것도 또한 다르마인 것이다. 이 경우의 법은 보편적인 것이라고 하기보다도 개별적인 것이 된다.

나는 자주 다음과 같이 설명한다. 물과 얼음과 수증기라고 하여,

우리들의 눈에는 이것들은 상당히 변화해서 보인다. 얼음은 고체이고, 수증기는 기체이다. 그렇다면 이것들은 전혀 다른 사물인가 하면, 마찬가지로 H_2O 분자의 달라붙는 정도가 변했을 뿐, 내용은 아무 것도 변하지 않는다고 자연과학에서는 해명할 것이다. 이때 거기에는 도대체 무엇이 있다고 말할 수 있을까? 참으로는 물이나 얼음이나 수증기가 있는 것이 아니라 다만 H_2O만 있을 뿐이다. 실은 불교도 마찬가지도 세계를 분석하여 변하는 현상 속에 자기 자신을 계속해서 보존하여 변하지 않는 것을 탐구했다. 그것을 또한 다르마라고 불렀던 것이다. 그렇기 때문에 이 경우의 다르마는 소위 세계의 구성요소인 것이 된다.

그러나 자연과학과 불교가 너무나 다르다고 하는 것은 세계라고 할 때 불교는 그것을 물질계만이 아니라 정신계도 포함하며, 나아가서는 물질계도 정신계도 아닌 것 등도 포함한다. 즉 일체의 현상을 포함하는 것이다. 불교의 경우, 마음과 물질을 같은 반열에서 같은 현상계로 보고, 그 변화하는 현상 가운데 자기 자신을 계속해서 보존하는 것에 대해 탐구했다. 이 작업의 성과를 아비달마(阿毘達磨, Abhidharma)라 한다. 여기에 보다 실질적으로 존재하는 것이 발견된다.

대개 자연과학은 물질계만을 대상으로 하며, 실제 그것을 분석하는 주관의 측을 무시한다. 주관이라든가 자기라든가를 거기서는 묻지 않는다. 즉 존재의 반이 블랙박스로 되고, 소위 자기 자신은 행방불명이 되는 것이다. 그것은 큰 결함이 아닐까? 그것을 눈치 채지 못한 채 지금까지 온 것이 최악의 결함이라고 말할 수 있다. 그러나 최근 이 문제에 정신을 차린 것 같아서 생각 있는 과학자 중에는 주관을 규명하는 과학을 수립하고자 노력하는 사람도 있다. 이것에 대해서 불교는 그 시작부터 주관·객관의 두 세계를 같은 지평에서 관찰·분석·규명했던 것이다.

불교의 정통 – 설일체유부

존재의 분석을 수행한 아비달마의 예로서 가장 잘 알려져 있는 것은, 소위 소승불교 가운데 대표적인 부파인 설일체유부(說一切有部)라는 부파가 설한 오위칠십오법(五位七十五法)이다. 여기서 불교에 소승불교와 대승불교가 있는 것에 관해서 극히 간단하게 설명하고자 한다.

말할 것도 없이 석존(釋尊, 기원전 463~383)은 불교의 개조이지만, 그 가르침은 일반적으로 원시불교라 불리며, 한역에서는 『아함경』, 팔리어에서는 『니까야』로 정리된다. 석존이 입멸한 뒤 100년이 지나면 교단은 상좌부(上座部)와 대중부(大衆部)의 둘로 분열하고[근본분열], 그 후 더욱 세밀하게 분열했다[지말분열]. 그 각각의 그룹을 부파라 부르며, 전부 20개 정도의 부파가 있었다고 한다. 이들 각각의 부파에서 각기 다른 교의를 전개해 갔다.

이것들에 대해서 대략 서력기원 전후에 새롭게 대승불교가 등장한다. 그것은 종래의 불교의 폐쇄적 고답적인 존재방식에 대항하여 재가의 입장을 중시하고 타자에 대한 관계를 존중하며 구제자로서의 불(佛)을 찬탄하면서도 자신도 또한 그러한 부처가 될 것을 지향했다. 당초는 『반야경』・『법화경』・『화엄경』・『무량수경』 등의 경전을 만들고, 이윽고 용수(龍樹, 나가르주나, 150~250)에서 출발하는 중관파(中觀派)나 미륵(彌勒)・무착(無著, 395~470)・세친(世親, 400~480)에서 시작하는 유가행파(瑜伽行派, 유식학파)를 낳기에 이르렀다. 여래장 사상도 설해져 있었다. 이 대승불교가 지금까지의 불교[부파불교]를 소승불교라 이름한 것이다. 또한 밀교(密敎)는 그 흐름을 이어 받아 7세기경에 일어난 새로운 불교이다.

독자의 대다수가 접하고 있는 불교는 물론 대승불교이다. 대승불교는 북전(北傳)으로 중국이나 한국 그리고 일본에 전해지며, 티베트 등에도 침투된다. 동남아시아에도 전해져 인도네시아 자바 섬의 보로부두르의 유적의 벽면을 덮고 있는 부조에 『화엄경』「입법계품」이 남아있다. 한편 부파불교의 하나인 상좌부 계통이 스리랑카에 전해졌으며, 나아가 오늘날 동남아시아로 확대되어 갔던 것이다. 그것들은 팔리어의 성전에 근거한 것으로 남전(南傳)이라 불린다.

그 중에서도 특히 소위 소승불교는 부파불교를 의미한다고 해도 무방하지만, 그 대표 격이 설일체유부이며, 어떤 의미에서 불교의 정통이다. 그 설일체유부의 아비달마는 소위 불교 세계관의 근본이다. 이하 이 설일체유부에서 존재하는 것의 목록으로 제시된 '오위칠십오법'에 관해서 간단하게 설명해 보자.

철학으로서 불교 입문

세계를 구성하는 요소 – 5위75법

오위칠십오법(이하 5위75법으로 표기)이라고 하는 이상, 세계의 구성요소에 관하여 75개의 요소를 발견한 것이다. 어떤 의미에서는 겨우 75개뿐이기 때문에 그 분석은 다소 개략적인 것이라고 말해야 할지도 모른다. 하여튼 그것은 다섯의 그룹으로 정리된다고 하는 것이 5위(位)이다. 그 5위란,

　　물질적인 것(色法)
　　마음의 중심, 주체가 되는 것(心王)
　　주체인 마음에 부수하는 다양한 마음(心所有法)
　　물질이라고도 마음이라고도 말할 수 없는 것(心不相應法)
·　현상을 초월한 변화하지 않는 것(無爲法)

의 다섯 그룹이며, 이 5위에 속한 법에는 구체적인 다르마가 분석되고 포함되어 그것들을 합하면 도합 75법이 되는 것이다. 5위에 속한 각각의 법을 살펴보면 다음과 같다.

색법(11)

안근(眼根)·이근(耳根)·비근(鼻根)·설근(舌根)·신근(身根)·색경(色境)·성경(聲境)·
향경(響境)·미경(味境)·촉경(觸境)·무표색(無表色)

심왕(1)

의식(意識)

심소유법(46)

대지법(大地法) : 수(受)·상(想)·사(思)·촉(觸)·욕(欲)·혜(慧)·염(念)·작의(作意)·승
해(勝解)·삼마지(三摩地)

대선지법(大善地法) : 신(信)·근(勤)·참(慚)·괴(愧)·무탐(無貪)·무진(無瞋)·불해(不
害)·경안(輕安)·불방일(不放逸)

대번뇌지법(大煩惱地法) : 무명(無明)·방일(放逸)·해태(懈怠)·불신(不信)·혼침
(昏沈)·도거(悼擧)

대불선지법(大不善地法) : 무참(無慚)·무괴(無愧)

소번뇌지법(小煩惱地法) : 분(忿)·복(覆)·간(慳)·질(嫉)·뇌(惱)·해(害)·한(恨)·첨
(諂)·광(誑)·교(憍)

부정지법(不定地法) : 악작(惡作)·수면(睡眠)·심(尋)·사(伺)·탐(貪)·진(瞋)·만(慢)·의
(疑)

심불상응법(14)

득(得)·비득(非得)·동분(同分)·무상과(無想果)·무상정(無想定)·멸진정(滅盡定)·
명근(命根)·생(生)·주(住)·이(異)·멸(滅)·명신(名身)·구신(句身)·문신(文身)

무위법(3)

택멸무위(擇滅無爲)·비택멸무위(非擇滅無爲)·허공무위(虛空無爲)

색법의 내용

우선 색법, 물질적인 것이란 무엇인가 하면 다섯의 감각대상과 다섯의 감각기관 그리고 눈에 보이지 않는 물질의 11개가 있다.

감각이라는 것은 5감(感)이라고도 하며 시각·청각·후각·미각·촉각을 지칭하는 것으로, 이들에 관해서 불교에서는 안식·이식·비식·설식·신식이라는 말로서 표현한다. 그 5감의 대상은 차례대로 색깔 있는 모양·소리·향기·맛·감촉이지만, 그것을 불교에서는 색·성·향·미·촉이라는 말로 표현하며 이것을 5경(境)이라 한다. 나아가 그들 5감의 기관은 안·이·비·설·신으로 이것은 5근(根)이다. 이 경우의 근은 기관의 의미이다. 신은 촉각기관을 의미하는 것이다. 이 색·성·향·미·촉의 5경과 안·이·비·설·신의 5근과 뒤의 눈에 보이지 않는 물질[무표색]의 합계 11개가 색법의 내용이다.

그런데 이들 다르마[색법]를 임시로 물질적인 것이라 부르지만, 과연 이것들은 참으로 물질이라 부를 수 있는 것일까? 보통 우리들은 무엇인가 사물이 있다고 생각한다. 사과라면 사과가 있다고 생각한다. 그러나 그 사과라는 하나의 사물을 어떻게 확인하고 있는 것일까? 인간의 눈은 거기서 붉은 색을 볼 뿐이다. 사과의 소리는 들을 수 없지만, 잠시 뒤 향기로운 향기를 코가 맡을 것이고, 사과를 만지면 매끄러운 감촉을 느낄 것이다. 한입 먹어보면 달콤새콤한 미각이 널리 퍼짐에 틀림없다. 각각의 감각은 각각의 대상을 파악한다는 것은 확실하다. 그렇다면 사과라는 하나의 사물을 어떤 주관이 어떻게 파악할 수 있을까. 역시 아무리 생각해 보아도 5감은 각각 별도로 그것 자신의 대상만을 파악하고 있다고 밖에 생각되지 않는다. 따라서 진실은 우리들의 감각에 직접적으로 파악되는 것은 색·성·향·미·촉의 각각의 감각대상들일 뿐이다. 그렇다면 사물은 그러한 과정에서 추상적으로 의식 등에 의해 인식된다고 할 수 있다. 그 중에 특히 확실히 제1차적으로 존재하는 것은 사물이 아니라 색·성·향·미·촉이다. 그렇다면 이 불교의 색법을 아비달마는 어떻게 분석하고 있는가를 살펴보자.

그런데 색법이라는 것을 진실은 물질적 존재 등으로 생각하지 않는 편이 좋다. 감각이라는 현상세계 그 단위가 되는 것이라는 정도의 의미인 것이다. 게다가 5근은 요컨대 눈이나 귀 등이지만 우리들의 육안 등에 알려지고 있는 것은 5경을 내용으로 하는 것이지 참된 근은 아니다. 참된 근[기관]을 불교에서는 '대상을 받아들여 감각적 인식을 발생시키는 것'으로 파악한다. '취경발식(取境發識)'인 것이 참된 근이다. 설일체유부의 아비달마에서는 그것을 눈으로는 파악할 수 없다[5감으로는 파악되지 않는다]. 그러나 물질적인 무엇인가로 보는 것이다. 그래서 5근도 색법에 포함되는 것이다.

그런데 무표색이라는 눈에 보이지 않는 물질은 강한 체험을 했을 때, 신체적으로 발생하는 특별한 물질적인 것이다. 가령 계율을 받았다고 하자. 그렇다면 그 사람의 일생 동안 악을 범하지 않게 규제하는 힘이 스스로 갖추어진다고 한다. 그 힘의 원천이 되는 물질이 계율을 받을 때 발생한다고 하는 것이다. 이상이 색법이다.

마음의 성립 – 심왕과 심소유법

다음으로 마음에 관해서이다. 도대체 마음이라는 것은 어떠한 존재라고 생각될까. 일반적으로는 무엇인가 하나의 마음이 있고, 그것이 다양하게 활동하는 것처럼 보이는 것은 아닐까. 게다가 그 하나의 마음이라는 것은 두뇌가 만들어 낸 것이라고 생각되는 것은 아닐까.

두뇌를 연구하는 학자는 이 활동은 두뇌의 이쪽, 저 활동은 두뇌의 저쪽이라고 하는 것처럼, 각각의 작용을 두뇌의 물리적인 장소에서 찾으려 한다. 확실히 저쪽의 두뇌세포를 자극하면 현실에 존재하지 않는 것의 감각이나 인식을 재현하든지 하기 때문에 그것도 그럴 듯한 것인지도 모른다. 그렇지만 두뇌의 기능을 특정 장소에서 찾아가는 입장은 반드시 충분하다고 말할 수 없는 느낌이 든다.

그렇지만 무엇인가 하나의 마음이라는 것을 상정한다고 하여 그와 같은 것이 참으로 존재하는 것일까. 여러 가지로 작용한다 해도 원래는 하나라는 사고방식은 결국 그 하나의 변하지 않는 것으로서의 마음을 인정하는 것이 되어, 즉 상·일·주·재의 아를 인정해 버리는 것이 된다. 그렇기에 불교의 아비달마에서는 마음이라는 것도 다수의 마음이라는 다르마에서 성립한다고 보는 것이다. 마음을 그렇게 보는 것은 불교의 재미있는 면이다.

마음은 심왕이라는 가장 중심이 되는 것과 심소유법이라는 것에 부수하여 활동하는 다양한 개별의 마음에서 성립하고 있다는 것이다. 심적 세계도 하나의 현상세계로 보고 그 중에서 자기 자신을 보존하는 것으로서의 구성요소를 분석하면, 하나의 심왕과 다수의 심소유법이 보인다고 할 수 있다.

장황한 것 같지만, 불교는 마음을 그들 다원적인 요소[법]의 조합에서 이루어진다고 보는 것이다. 다양한 심적 현상은 각각의 심적 요소들의 조합이 각각의 경우마다 드러나고는 소멸할 뿐 변하지 않는 하나의 마음이 있을 리가 없다고 하는 이 사고방식은 대뇌생리학적으로 말한다 해도 부자연스럽지는 않을 것이다.

그래서 중심이 되는 하나의 마음[심왕]이라는 것은 소위 의식이다. 이것이 안근[시각기관]에 의거할 때는 색깔 있는 모양을 보고, 이근[청각기관]에 의거할 때는 소리를 듣는다고 하는 경우가 된다. 여기에는 문제도 있지만, 앞서 나아가서, 이것에 부수하여 일어나는 다양한 마음[심소유법]에는 실로 다종다양한 마음이 분석된다. 대상[경]과 기관[근]과 마음[식]을 접촉하여 감각·지각을 성립시키는 것이라든가 관심을 품은 마음이라든가 그러한 것도 각각 고유의 활동, 즉 고유의 마음이라고 보는 것이다. 총체적으로 심소유법은 대지법·대선지법·대번뇌지법·대불선지법·소번뇌지법·부정지법의 여섯 다르마로 나누어지지만, 역시 선한 마음이나 번뇌의 마음 분석은 극히 상세하게 다루어진다. 여기서 선이란 무엇인가, 악이란 무엇인가, 번뇌란 무엇인가 등이 분명하게 설명되어야만 하지만, 지금은 생략한다. 가령 선한 마음에는 신심을 일으키는 마음, 노력하는 마음, 상대를 해치지 않는 마음 등이 있고, 번뇌의 마음에는 원래 무지인 마음, 불신의 마음 등 이외에 성냄·질투·인색함 등이 있다.

이들은 조건에 응하여 드러나자마자 소멸해 버리는 이합집산(離合集散)을 반복해 갈 뿐이라고 하는 것이다. 철저하게 상·일·주·재의 존재를 부정하는 극히 예리한 사고방식이라고도 말할 수 있다. 그러나 자아 등이 없는 것이 실제 모습이라 해서 다만 인연에 맡겨버려도 좋다고 하는 것으로는 되지 않는다. 그렇게 되면 번뇌가 무성하게 생겨나 결국 고뇌·고통이 증가할 뿐이다. 번뇌라는 것은 실로 그 사람을 괴롭게 하는 것에 다름 아니다. 원한이나 질투는 그것만으로 그 사람의 마음 전체를 오염시키고, 어둡게 하여 아프게 하고 괴롭게 하여 멈추지 않는다. 여기서 선한 마음을 자주 많이 일으키려고 노력해야만 하는 것이다. 왜냐하면 그것이 참된 의미에서의 즐거움을 실현하기 때문이다. 이 즐거움이란 즐겁다고 하는 것이다. 즐겁다고 하는 것은 '유쾌하다'는 것이며, 여유로운 마음이 된다고 할 수 있다.

사물도 마음도 아닌 것 – 심불상응법

나아가 불교에서는 사물도 마음도 아닌 것을 분석한다. 이것을 심불상응법이라 한다. 상세하게는 색심불상응법이며, 색법이라고도 할 수 없고 심법[심왕·심소유법의 전부]이라고도 할 수 없는 것이다.

이것에도 다양한 것이 존재한다. 뒤의 2장에서 기술할 예정인 언어 등도 그러하며, 수(數) 등도 여기에 포함된다. 혹은 동물의 종(種)에 해당하는 것도 포함된다. 기린은 모두 머리가 길고, 코끼리는 모두 코가 길다. 이것은 종으로 규정되기 때문이라고 생각되지만, 그 종이란 도대체 무엇일까? 일종의 유전정보라는 것이 될 지도 모른다. 그렇다면 그 유전정보 그것은 어디서 생긴 것일까? 동물에게는 실로 많은 다양한 생물이 있다. 누가 그러한 것을 창조한 것일까? 신을 내세우면 해결해 버릴 수 있지만 지금 이 순간 일체를 자유자재하게 다루는 주재자가 어딘가에 있다고 하는 것은 믿기 어려울 것이다.

생각해 보면, 세상 속에 불가지(不可知)의 일들도 많다. 불교는 어디까지나 현실의 존재방식을 응시하고 거기서 구성요소를 파악하여 그리고 그것들의 연기로서 세계를 설명해 간다. 실로 현대적이다. 그때 사물이라고도 마음이라고도 말할 수 없는 것도 깔끔하게 분석하여 제시하고 있는 것이다. 동물에 종이 있다는 것은 확실히 인정되지만, 이것은 사물이라고도 마음이라고도 말할 수 없기 때문에 심불상응법에 편입된다. 이 법을 동분(同分, 상세하게는 衆同分)이라고 한다.

덧붙여 책상은 대체로 넓은 널빤지의 네 귀퉁이에 다리가 달려 있는 것이 많다. 그 어느 정도의 형태의 허용범위를 초월해 버리면 더이상 책상이라고 불릴 수 없게 될 것이다. 그러한 책상이라는 개념은 동물의 종에 상당하는, 사물의 종이라고 생각된다. 책상의 소재는 대체로 나무라고 말할 수 있지만, 지금은 스틸이 많을 지도 모른다. 경우에 따라서는 합성수지도 골판지도 좋을 것이다. 소재와는 관계없이 책상이라는 것을 규정하는 것, 그것은 철학의 언어로 말하면 특수에 대한 보편 혹은 개체에 대한 일반이라는 것이다. 그것을 불교에서는 법동분(法同分)이라고 한다.

변화·생멸이 없는 세계 - 무위법

5위75법의 아비달마의 마지막에 무위법이라는 것이 있다. 무위란 유위에 상대되는 말로서 변화가 없는 것, 현상에 관여하지 않는 것이다. 반대로 앞에서 기술한 네 개[색법·심왕·심소유·심불상응법]은 모두 유위법[현상계]이다.

일반적으로는 무위라고 하면 아무 것도 하지 않고 지내는 것처럼, 어떠한 것도 하지 않는 것으로 이해되기도 한다. 졸음과 추위도 무위의 친척이라고 한다. 그러나 불교의 무위법은 변화·생멸이 없는 세계이며, 생사의 세계를 초월한 열반[택멸무위(擇滅無爲)] 등 세 개뿐이다.

이 열반(涅槃)이라는 것은 산스크리트어인 니르바나(nirvāṇa)의 음사이며, 불도수행의 궁극의 세계라고 말해도 좋다. 실제 소위 소승불교는 이 세계에 도달하는 것을 지향하여 수행하는 것이다. 그렇지만 인간의 궁극 목표는 그와 같이 다만 편안해지는 것일까. 이것을 비판하여 나온 것이 대승불교이며 대승불교에서는 오히려 활동하고 움직이며 멈추지 않는 세계의 한복판에서 열반을 찾는다[무주처열반(無住處涅槃)이라고 한다].

사물이 처음에 존재하는 것이 아니다.

이상 불교에서 말하는, 세계에 존재하는 것의 분석[아비달마]의 대표적인 사례를 간략하게 설명해 보았지만, 그런대로 불교의 분석도 정확하다는 인상을 지울 수 없다고 생각된다. 가령 그것은 처음부터 세계에는 사과나 책상 등 무엇인가 존재하는 하나의 사물이 있다고 하는 것 등은 보이지 않는 것이다. 우리들이 있다고 생각하는 사물은 우선 우리들에게 직접 주어져 있는 5감의 대상[5경, 색·성·향·미·촉]이 별도로 존재하고 그것들이 뒤에 종합된 것이라는 사고방식이 되는 것이다. 자아에 관해서도 마찬가지가 될 것이다. 니시다 기타로는 "개인이 먼저 있고 경험이 있는 것이 아니라, 경험이 먼저 있고 개인이 있는 것"이라고 하지만(『善の硏究』序, 『西田幾多郎全集』第1卷, 岩波書店, 2003年, 6~7項), 그러한 사고방식이라고 말할 수 있다.

사물이 처음에 존재하고 있는 것이 아니라고 하는 사고방식은 실은 현대사상을 이끄는 중요한 철학자인 에른스트 마하(Ernst Mach, 1838~1916)도 말한다. "색깔·소리·열·압력·공간·시간 등등은 다기 다양한 방식에서 결합해 있고, … 이 능직물(綾織物)에서 상대적으로 고정적, 항상적인 것이 드러나 기억에 새겨지고 언어로 표현된다."라고 했던 것이다.(廣松涉, 『事的世界觀への前哨』勁草書房, 1975年, 59項) 세부적인 것은 약간 다를지도 모르지만, 실로 불교의 지금의 사고방식과 같은 것이다.

덧붙여서 영국의 흄(Hume, 1711~1776)도 자아에 관해서 '지각의 다발'이라고 말하고 있다. 흄의 사고는 매우 재미있다. 인과에 관해서도 객관적으로 존재한다고 말할 수 없다고 한 것도 흄이다. 이것을 칸트(Kant, 1724~1804)가 듣고 "독단론의 잠에서 깨어났다."라고 하면서, 자기의 철학을 완성시켜 간다. 흄이 없었다면 칸트도 없었다.

약간 여담으로 빠졌지만, 불교가 현대적이기 때문에 그렇다고 하는 서투른 변명은 그만두고 이상의 사물도, 마음도, 사물도 마음도 아닌 것도 모두 같은 입장에서 거기에 '자기 자신을 보존하는 것'을 분석하여 세계를 있는 그대로 파악한 불교는 그것만으로도 선진적이지 않을까. 주객이원론을 처음부터 전제로 하여 게다가 그 객관의 방면 밖에 분석하지 않는 자연과학이나 근대합리주의가 얼마나 서투른 세계관인가를 이해할 수 있을 것이다.

연기의 세계관

그런데 불교의 세계관은 그것뿐만 아니라 더욱 앞서가고 있다. 그것은 앞에서도 조금 언급하였지만, 세계의 전개에 관해서 이들 제법의 연기, 즉 관계에 의한 생성이라는 사고방식을 취하는 것이다. 즉 실체론적 세계관이 아니라 관계주의적 세계관을 주장한다.

연기(緣起)라는 말은 많이 들어보았을 것이다. 다만 그것은 연기가 아니라든가 연기가 나쁘다고 하는 것처럼 사용되었을 지도 모른다. 이 연기란 도대체 어떠한 의미인 것일까. 여러 가지 요인이 중첩하여 무엇인가의 일이 일어나는 것을 연기라 하여 게다가 그것은 나쁜 것에 한정하여 이해되기도 하며 그와 같이 사용되었던 것일까. 물론 불교가 설한 연기는 나쁜 것만은 아니다. 좋은 것도 포함하여 모든 현상[사건]에 걸쳐 있다. 그렇게 말하면, 그것은 봄부터 연기가 좋다고 말한 것이다. 실로 이 연기의 사상이야말로 불교철학의 핵심에 있는 것이다. 그것은 관계주의적 세계관이라고 해도 좋고, 스스로 실체[자기에 의해서 자기의 존재를 지탱하는 것]에 근거한 세계관을 뒤집는 것이 된다.

조금 더 연기에 관해서 상세하게 기술하면, 실은 이것은 단순한 인과관계에서 세계를 설명하는 것도 아니다. 인과에 게다가 연을 더하여 세계를 보고 있는 것이다. 즉 인(因)이라는 것은 직접적인 원인, 연(緣)이라는 것은 간접적인 조건이며, 이 직접적인 원인과 간접적인 조건이 서로 어울려서 처음으로 결과가 있을 수 있다는 것이다. 이것은 다시 다음과 같은 비유로 설명된다.

무엇인가 어떤 식물의 종자가 있다고 하자. 이 종자는 그것만으로 어딘가에 보존되어 있는 것 그대로이다. 그러나 이것에 물을 주고, 흙으로 옮겨 심으면, 시간이 지나면 싹이 나온다. 이윽고 크게 자라서 꽃도 피우며, 열매를 맺게 될 것이다. 이때 종자는 실로 그 꽃 등의 원인이다. 그러나 이 원인은 흙에 묻혀 수분이나 양분이 주어짐으로써 결과가 드러나게 된다. 그 수분이나 양분의 차례로 결과가 어떻게든 변화해 간다. 아름다운 꽃이 피는가, 빈약한 꽃밖에 피지 않는가 하는 차이가 발생한다. 그 수분이나 양분 등에 해당하는 것을 불교에서는 조건이라고 한다. 이렇게 해서 원인만으로 결과가 있다고는 보지 않는다. 반드시 인과 연이 서로 어울려 결과가 있다고 본다. 이것이 연기의 도리이다.

가령 어떤 사람이 대단히 많은 능력을 가지고 있다고 하자. 그러나 기회가 없다면 그것을 발휘할 수 없다. 역으로 많은 기회가 있다고 해도 그 사람이 그 기회를 활용할 능력이 없다면 역시 그 기회는 자신의 것으로 될 수 없다. 그렇기 때문에 자기의 능력도 언젠가 찾아오는 기회를 향해서 착착 연마해야만 한다. 그것이 연에 응하여 피어나기 때문이다. 연은 조금 다른 맛을 띠고 있다고 할 수 있다.

세계를 이와 같이 본다고 하는 것은 대단히 과학적 객관적인 의미로서 사실을 사실로서 주시하는 것이라 할 수 있다. 여기에는 세계를 마음대로 조율하는 신은 존재하지 않는다. 초월적인 주재신을 인정하지 않는 것이다. 그렇다고 해서 모든 것은 이미 원래부터 결정되어 있다고 하는 결정론, 운명론도 아니다. 인에서 자기의 의지를 발동해 가는 것에 의해서 연과 서로 어울려서 어느 정도 결과를 변화해 가는 것이기 때문이다. 또한 여기에는 모든 것은 우연이라고 하는, 자포자기도 체념도 없다. 불교는 결코 무감동·체념·불평불만인 가르침이 아니다. 인간의 행과 불행도 자기하기에 달려 있는 것이다. 그런데 연도 중요하지만, 인이야말로 주된 힘을 발휘하기 때문에 역시 정진이라는 것이 가장 중요한 것이다. 그렇다고 해도 이 연기라는 사상은 고대의 사상으로서는 실로 근대적이며 또한 영원한 진리라고 말할 수 있다. 자기 불안을 있지도 않은 조상의 탓으로 돌리거나, 괴이한 사물의 탓으로 돌리지 않고, 현실을 있는 그대로 응시하여 거기에 있는 도리를 견실하게 본다. 이것이 지적(知的)이라고 하는 것은 아닐까.

인·연·과의 관계

그리고 이 연기에서 무엇이 연기하는가라고 말하면, 그것은 기본적으로 저 5위75법의 제법이 연기하는 것이다. 그렇다면 이 제법의 연기에서 인·연·과는 어떻게 분석할 수 있을까. 그것을 설일체유부에서는 6인·4연·5과에 의해서 설명한다. 지금은 우선 그 이름만 들어보면 다음과 같다.

6인 : 능작인(能作因)·구유인(俱有因)·동류인(同類因)·상응인(相應因)·변행인
(遍行因)·이숙인(異熟因)
4연 : 인연(因緣)·등무간연(等無間緣)·소연연(所緣緣)·증상연(增上緣)
5과 : 사용과(士用果)·등류과(等類果)·이숙과(異熟果)·증상과(增上果)·이계과(離繫果)

이것을 모두 설명하는 것은 번쇄한 일로 생략하지만, 한 두 개만
언급해 보기로 한다. 기본은 동류인—등류과이며, 이것은 같은 다르
마[법] 찰나 찰나, 자신과 동일한 다르마를 이끌어가는 것이다. 그것
이 상속하여 아무래도 같은 것이 존재하고 있는 것처럼 보인다. 이
동류인은 4연 중에서는 인연으로 수렴된다. 이 인연이라는 것은 실
은 인인 것의 전부란 의미이다[6인 가운데 연과 같은 능작인을 제외한다]. 이
것에 각종의 연이 관련하여 결과가 있을 수 있지만, 그 연의 모두를
증상연이라 한다. 이것은 대단히 넓은 것으로 원인이 결과를 실현하
는 것에 조금이라도 관여하는 것은 모두 이것에 포함되며, 그 결과의
실현을 방해하지 않는 것은 물론 그 결과의 실현을 가져오는 연이 증
상연으로 생각되고 있을 정도다. 그것과 관련하여 성취된 결과를 증
상과라고 한다.

이 동류인—등류과와 증상연—증상과의 관계를 앞의 식물의 종자를
예로 들어서 설명하면, 종자에서 꽃을 피우는 것은 동류인—등류과이
다. 물론 이것에 증상연이 관련해서 그 등류과도 있다. 다만 그 증상
연으로서 비료가 좋으면, 아름다운 예쁜 꽃이 피며, 그것이 불충분하
다면 빈약한 꽃이 필 것이다. 그 거름 순서로 꽃이라는 결과의 존재

방식이 다르게 되어 가는 것이 증상연-증상과의 관계에 보이는 것이다. 한마디로 연기라 해도 그 연기라는 사상 중에는 이와 같이 세밀한 분석이 포함되어 있는 것이며, 그 분석은 위에서 기술한 바와 같이 나아가 이숙인-이숙과[업의 세계의 인과관계]나 상응인-사용과[동시적 인과관계] 등 더욱 더 상세한 것이다. 지금은 상세한 해설을 생략하지만, 하여튼 단순한 인과 사상을 훨씬 초월해 있는 것이다.

삼세실유·법체항유

이렇게 해서 불교는 다수의 다르마의 연기에 의해서 세계를 설명하려고 했다. 자아나 사물을 소박하게 존재한다고는 보지 않고 냉정하게 분석하여 현상세계의 법칙성을 할애했다. 거기서 실체적 존재를 철저하게 부정해 가는 존재론의 입장이 있고, 초현대적인 시점이 제시된다. 그 사색은 실로 투철하다고 말해야만 할 것이다.

다만 실은 5위75법을 설하는 설일체유부(줄여서 유부)에서는 연기하는 것은 다르마의 작용[용(用)]이며, 다르마 그 자체(體, 존재)는 3세에 실유(實有)라고 간주했던 것이다. 그것이 일체의 시간에 존재한다고 설하는 부파가 즉 설일체유부라고 말해지는 이유이다.

다르마의 체[존재하는 것 자체]와 용[작용]이라는 것을 설명하면 복잡해질 수 있어 그만 두지만, 유부에서는 상·일·주·재의 아(我, 아트만)의 존재는 명확하게 부정하지만, 제법(諸法, 다르마)의 실재는 부정하지 않았다. 오히려 이 다르마에 관해서는 각각 항상적으로 존재하는 것으로서 인정했던 것이다. 그 입장은 보통 삼세실유·법체항유라고 정리되어 말해진다.

그런 이유로 실제 유부의 세계관은 연기를 설하는 관계론적 세계관의 입장에 서 있는 것처럼 보이며, 그 기반에 제법의 상주불변의 존재를 인정하는 실체론적 세계관의 일면도 있었던 것이 실제 모습이다.

이렇게 해서 대체 세계에는 무엇이 있는가에 대해 유부의 입장에 선다면 그렇기 때문에 75개의 제법이 있게 된다. 세계에 존재하는 것은 제법이라고 하는 것이 일반적으로 소승불교의 사고방식이다. 우리들은 보통 사과가 있다, 책상이 있다, 자기가 있다 등으로 생각하고 있지만, 이러한 불교의 사고방식에 의하면, 존재하는 것은 그러한 집합적인 것이 아니라 다만 그 구성요소로서 위에서 기술한 제법만이 존재하는 것이다.

실체는 없고 현상만 – 대승불교의 존재론

그렇지만 앞에서도 기술한 바와 같이 서력기원 전후에 새롭게 흥기한 대승불교는 실로 그 제법의 실재를 더욱 부정했던 것이다. 즉 제법도 또한 원래 관계를 통해 비로소 현상할 수 있고 타자를 기다려야 비로소 성립하는 것이다. 그것은 자체를 가지지 않고 게다가 그 존재 그것이 찰나에 소멸하는 것으로 임시로 공인 것으로 보고 있는 것이다. 이렇게 해서 자아만이 아니라, 일체에 관해서 그 실체적 존재를 부정해 간 것이었다. 대승불교는 이 일체법도 무자성·공인 것을 실로 그 연기[관계성]라는 것의 본질에서 끌어내고 또 언어비판으로부터 끌어 내어 수행체험에 근거한 유식이라는 입장에서 설명한다.

　그것들을 이하의 장에서 설명해 갈 예정이지만, 그것들을 간단하게 말하면 '색즉시공(色卽是空), 공즉시색(空卽是色)'이라는 것이다. 『반야심경(般若心經)』의 이 구절 뒤에는 '수·상·행·식(受·想·行·識), 역부여시(亦復如是)'라고 기술한다. 색과 수·상·행·식은 일괄하여 '오온(五蘊)'이라 부르는 것이며, 세계의 구성요소를 물질적인 세계를 구성하는 색과 정신적인 세계를 구성하는 개개의 마음으로서의 수[감정]·상[인지]·행[의지]·식[지성]에 의해서 표현한 것이다. 수·상·행·식도 또한 그와 같다[역부여시]라는 것은 즉 '오온즉공(五蘊卽空), 공즉오온(空卽五蘊)'이라는 의미이며, 즉 일체의 '존재즉공(存在卽空), 공즉일체(空卽一切)'의 존재라고 하는 것이 거기에 설해져 있다고 보아야만 하는 것이다.

　따라서 결국 대승불교에 의하면 존재하는 것은 자체 본체[실체] 없이 현상하는 한도에서의 존재만이며, 그것들이 임시로 존재하는 것뿐이라는 것이 된다. 이것을 꿈·환영·그림자·아지랑이·신기루 등의 비유에 의해서 말해지기도 한다. 실체 없이 현상만 존재한다고 하는 것은 정말 과연 꿈·환영과 같을 것이다. 세계에는 고정되어 있거나 변하지 않는 존재란 아무 것도 없고, 다만 공인 소위 가상(假象)으로서의 존재만이 있을 뿐이다.

　그 중에서도 특히 대승불교의 존재론이라고 말하면 그러한 것이 되지만, 더욱이 이 꿈·환영은 공즉시색이며 참으로 공이기 때문에 있을 수 있는 '묘유(妙有)'라고 말해야만 하는 것이다. 그것이야말로 대체

할 수 없는 생명 그것이다. 결국 단순한 유도 아니고, 단순한 무도 아니며, 유이며 공이지만 동시에 공이면서 유인 것으로 참으로 있는 것이 된다.

그것도 기본적인 존재의 단위를 말하면, '임지자성(任持自性), 궤생물해(軌生物解)'[자성을 간직하며, 법칙으로서 사물의 이해를 낳는다]의 법이며, 다만 대승불교의 유식아비달마의 분석에 의하면, 오위백법이 된다. 그것은 유부의 5위75법을 대승의 공관을 토대로 재해석한 것이며, 그 5위100법은 5위75법과 공통의 면과 다른 면이 있는 것이다[5위100법에 관해서는 81쪽 참조]. 이 무자성·공이지만 실질적으로 세계를 구성하는 제법이 세계에 실질적으로 존재하는 것이라는 것이 대승불교의 존재론이라는 것이 될 것이다.

이 존재론은 또 처음부터 물질이나 실체적인 존재를 의심하지 않는 다른 철학의 입장에 비교한다면 매우 깊다고 할 수 있다. 물론 최근 서양의 현대 철학도 실체론 비판을 전개하는 것처럼 되고 있다.

어찌 되었던 대승불교는 상주의 존재는 일체 인정하지 않고 본체를 기다리지 않고 현상하고 있는 한의 존재에 의해서 세계는 성립한다고 한다. 게다가 그 현상하는 한의 세계 속에서 자기 자신을 간직하는 것을 탐구하여 100개의 법으로 완성시켰다. 이렇게 해서 철저한 실체부정의 철학이 완성된다. 이것은 더욱이 전적으로 현대철학을 앞서 나간다고 말할 수 있는 것이다. 이 존재론을 기초로 하여 다양한 철학적 논의가 전개되어 간다. 그것들은 장을 새롭게 하여 묘사해 가기로 한다.

제2장 언어에 대하여

그 해체와 창조

☙ 제2장 언어에 대하여 ☙
그 해체와 창조

불교는 언어철학이다.

이 책은 문자로 이루어져 있지만, 거기에는 심오하고 다채로운 정보가 풍부하게 담겨져 있다. 문자를 구성하는 모음·자음은 일본어의 경우, 전부 50개정도 이지만, 그 조합에서 단어가 나오고, 그 단어의 조합에서 구나 문장이 나온다. 거기에 무한이라고 해도 좋을 정도로 다채로운 의미가 탄생한다. 실은 문자로 구성된 언어는 심원한 것이다. 인간은 호모 로퀜스(Homo Loquens, 언어적 인간)라고도 한다. 언어가 있을 때 인간인 것이며, 동물은 소통은 한다 해도 언어는 없다고 해야 할 것이다.

따라서 인간이라는 존재를 고찰하기 위해서는 언어의 고찰이야말로 핵심이 될 것이다. 대개 언어가 있음으로써 여러 존재의 구분이 가능하고, 타자와의 커뮤니케이션도 가능하게 된다. 그러나 그 언어를 사용함으로써 그 사실의 진실이 은폐되어 버린 적도 있다. 가령, 이 바다는 푸르다고 말한다면, 푸르지 않은 것이 아님은 알지만, 실제로 어떠한 푸른색인가는 오히려 은폐되어 버린다고 말할 수 있는 것이다. 실제 그 바다의 푸른색이란 진실은 아무리 언어로 표현한다고 해도 도달할 수는 없을 것이다.

그렇기 때문에 인간이 살아 있는 것의 진실과 언어의 관계는 깊게 파고들어 갈 필요가 있다. 무엇이 보이는 듯하며, 무엇이 보이지 않는 것인가를 확실히 자각해 둘 필요가 있다. 실은 불교는 실로 이 작업을 집중적으로 수행하고 있는 것이다. "불교는 언어철학이다."라고 해도 지장이 없는 것은 아닌가라고 생각될 정도다.

가령 저 8종의 조사라고 말해진 용수(龍樹, 150~250)의 『중론(中論)』은 모든 유형의 문장[명제] 비판을 전개하고 그 결과, 언어를 해체하여 희론적멸(戱論寂滅)의 세계 즉 리얼리티 그것을 체득하게 하려고 한다. 마치 비트겐슈타인(Wittgenstein, 1889~1951)의 철학과 같지만, 실은 비트겐슈타인의 연구자로서 제1인자인 구로사키 히로시(黑崎宏, 1928~)는 아무래도 용수 쪽이 더 우위라고 해서 지금은 용수 쪽에 몰두하고 있을 정도이다.(『ウィトゲンシュタインから龍樹へ - 私設 中論』哲學書房, 2004年 參照).

문자·단어·문장

용수의 언어 비판은 뒤에서 살펴보기로 하고, 우선 불교가 언어를 어떻게 파악하고 있는가를 살펴보자. 불교는 언어를 대략, 문자·단어·문장의 세 개의 지평에서 파악한다. 다만 기본적으로 음성언어를 주체로서 고려하고 있는 것에 유의할 필요가 있다. 문자처럼 쓰여 진 언어는 그 기반에 '말하는 언어'가 있다는 판단을 할 수 있다. 대개 그렇지 않을까. 미개사회에서는 언어를 아무리 재잘거려도 문자를 모르는 사람들이 보이기 때문이다. 다만 문자가 음성의 전사(轉寫)라고 하는 사고방식은 표음문자를 사용하는 사람들에게 한정되는 것일지도 모른다. 한자와 같은 표의문자를 사용하는 경우는 말하는 언어를 복잡한 정보로 치환하는 것이 된다. 일본어는 그 쌍방을 잘 사용하고 있는 것으로 대단히 독특하다. 아마도 그런 이유로 큰 장점이 있었을 것이다.

언어는 마음인가 사물인가

문자를 음성언어 상에서 보면, 우선 첫째의 기본은 모음·자음이 문자의 구성요소인 음소라는 것이 된다. 그 하나나 두 개 이상의 조합에서 단어가 나온다. 그 단어의 조합이 문장으로도 되는 것이다. 언어라는 것은 그와 같이 성립해 있는 것이지만, 그런데 이것들은 대체 어떠한 존재인 것일까? 언어라는 존재는 사물일까, 마음일까?

물론 그것은 사물이 아니라고 생각될 것이다. 그러나 마음이라고도 말할 수 없다. 마음이라고 하기에는 마음도 없고, 그렇다고 해서 사물이라고도 말하기 어렵다. 언어의 실질은 모음·자음이라고 했을 때, 그렇다면 그것들은 음성이라고 해야만 할까? 음성은 마음일까, 사물일까? 불교에서는 그것은 소리의 성질[성법(聲法)]이며, 물질의 성질[색온의 법]로 분류된다. 만약 언어의 실질인 모음·자음이 음성이라고 한다면, 그것은 청각 대상의 소리 성질[소리 그것]이라는 것이 될 터이다. 그렇다면 참으로 모음·자음은 소리의 성질이라는 다르마라고 보아도 좋을 것인가?

그런데 가령 사람이 '아'라고 했다고 하자. 15세 이상의 남성이라면, 또 변성이 초래되어 베이스와 같이 낮은 소리일지도 모른다. 여성이라면 소프라노와 같이 높은 경우도 있을 것이다. 그렇지만 그러한 것에 아랑곳하지 않고서 사람은 그것을 '아'라고 들을 것이다. 그것은 도대체 소리 그것일까, 그렇지 않으면 소리에 부수하는 다른 무엇일까?

물론 불교는 그것을 소리 그것이라고 보지 않는다. 소리를 떠나지 않지만, 소리 그것이 아닌 다른 무언가로 본다. 소리의 무늬라고 할까, '음운굴곡(音韻屈曲)'이라는 것이다. 유명한 언어학자인 로만 야콥슨(Roman Jakobson, 1896~1982, 미국의 언어철학자)은 음소[모음·자음]라는 것은 타자와의 무엇인가의 상위점의 구별의 묶음[시차적(示差的) 요소의 묶음]에 다름 아니라고 말한다(花輪光譯 『音と意味についての6章』 みすず書房, 1977年, Ⅳ 「音素は 辨別特性の束である」 等 參照). '아'는 '이'도 아니며, '우'도 아니며, '가'도 아니며, '사'도 아닌 등등의 차이를 하나로 일괄하여 표현하는 무엇인가라는 것이다. 포지티브하게 '아'라는 무엇인가가 있는 것이 아니라는 것이다. 불교가 모음·자음을 음성 그 자체로 간주하지 않는 것은, 야콥슨이 설한 바와 같이, 음소의 본질을 보고 있기 때문이라고 해도 좋을 것이다.

이렇게 해서 불교는 언어를 구성하는 음소를 제법의 분석[아비달마] 체계의 5위 가운데 소리의 성질로서의 색법(色法, 물질적인 존재 일반)이라고는 하지 않고, 심불상응법(心不相應法, 사물도 마음도 아닌 것)이라 하는 것이다. 물론 이것들에 의해서 구성되는 단어도 문장도 모두 심불상응법이다. 실로 불교의 분석은 정확하지 않은가. 또한 불교에서는 이음소[모음·자음]를 문(文, 문자의 의미)이라 부른다. 단어는 이름[명(名), 본래는 명사의 의미일 것이다], 문장은 구(句)라고 하며, 이들 명·구·문 모두를 심불상응법이라고 하는 것이다.

세계를 어떻게 분절하는가?

다음으로 단어라는 것은 무엇을 나타내는 것일까? 여기서는 우리들의 세계인식 본질에 관한 극히 중요한 논의를 전개시키기로 한다. 보통 사람들은 언어라는 것은 이미 세계 속에 그 자체로 존재하고 있는 것을 나타낸다고 생각할 것이다. 찻주전자·찻잔·테이블·의자 등등. 그러나 언어[이름] 이전에 이미 자율적으로 존재하는 것이 있고, 그 위에 그것에 관한 이름이 있다고 보는 것은 참으로 틀림없는 일일까?

가령 영어로는 table과 desk는 다른 것이다. 그렇지만 일본어라면 양쪽 모두 탁자라고 해도 좋다. ox와 beef는 다르고, tree와 wood는 다른 것이지만, 일본어의 소나 나무는 그 양자를 포함한다. 한편 영어로 brother는 원래 하나이며 거기에 상하의 구별이 있지만, 일본어라면 형과 아우가 우선 구별되어 존재해 있고, 그 뒤에 양자를 묶어서 형제라 부른다. 일본어로 물과 다른 끓는 물은 영어로는 실은 hot water라는 같은 water인 것이다. 도대체 이것은 어떠한 것일까.

결국은 미리 구별된 존재가 있어 그것들의 이름이 만들어진 것이 아니라, 그 이름마다 세계를 어떻게 분절하는가, 그 분절의 방식을 이름으로 표시한 것이다. 이름 그대로 세계가 있는 것이 아니라 어떤 전체 세계를 그 나라의 이름 체계로 받아들이고 있는 것에 지나지 않는 것이다. 이러한 것은 다른 나라의 말과 비교해 보면 확실한 것이지만, 불교는 지금부터 설명하는 바와 같이, 원래 이름은 스스로 존재하는 것을 표시하는 것이 아니라고 보고 있다. 그것도 언어와 존재의 관계를 깊게 천착했기 때문일 것이다.

소라는 일반자는 실재하는가?

원래 이름이 나타내는 것은 도대체 무엇일까? 여기에서 인도의 소가 등장한다. 소는 인도인에게는 신성한 존재이며, 그렇기 때문에 언어의 세계에서도 상징적으로 다루어지게 된다. 하여튼 그렇다면 '소'라는 언어는 무엇을 나타내는 것일까? 보통은 개개의 소를 의미하는 것이며, 그렇다고 특정한 소를 지칭하는 것은 아니다. 소라는 말은 갈색소·검은소·얼룩소를 나타내며, 새끼소·어미소도 나타내기 때문이다. 결코 특정 개체로서의 소를 나타내는 것이 아니다. 그렇다면 그러한 어떠한 소도 포함하는 '소'라는 말은 무엇인가? 그러한 것을 일반자라 하기도 하고, 특수에 대한 보편으로서의 소라고도 한다. 개념이라고도 말해야 할지 모른다. 그렇다면 소라는 일반자는 실제로 존재하는 것일까? 그러한 것이 만약 존재한다고 생각한다면, 그것을 형이상학적 실체라 한다. 그와 같은 눈에 보이지 않는 존재를 실제로 존재한다고 과연 인정할 수 있을까?

실은 고대의 철학자들은 오히려 그러한 것이 진실에 가깝다고 본 경우가 결코 적지 않다. 이것을 실재론(實在論, realism)이라 하고, 번역하여 실념론(實念論)이라고 한다. 보편개념이 실재한다는 입장이다. 이것에 대한 유명론(唯名論, nominalism)은 이름만 있을 뿐 그 표시하는 개념은 실재하지 않는다고 보는 입장이다. 여기에서는 개념[보편·일반자]의 실재는 부정되고, 그렇기 때문에 단지 개개의 사물[개물]만이 존재하고 있을 뿐이라 한다. 그렇다면 유명론 쪽이 약간 모던하다고 해야 할지 모른다. 물론 불교는 특히 일체의 공을 주장한 대승불교는 형이상학적 실체 등을 인정하지 않는다. 일반자라는 실체적 존재 등은 존재하지 않는다고 명확하게 부정한다.

이렇게 해서 언어[이름]는 개체도 나타내지 않고 한편 일반자도 실재하지 않는다고 한다면 결국 무엇을 표현하고 있는 것일까?

언어는 '타자의 부정'에 지나지 않는다.

이 때 인도에서 6세기경 불교 학자였던 디그나가(Dignāga, 陳那, 480~540 경)라는 사람은, 이 방면의 대단히 뛰어난 사상가로, 그는 무엇인가의 이름[단어]은 '타자의 부정'을 표현한 것에 지나지 않는다고 예리하게 밝혔던 것이다. '타자의 부정'이라는 것은 '소'의 경우, 소 이외의 동물이 아니라는 의미이다. 즉 무엇인가 소라는 자립적인 존재가 이미 있고, 그것을 '소'라는 말로 표시하는 것이 아니라, 소 이외의 동물들도 있고, 그 가운데 소 이외에는 없다는 것만을 표시하고 있는 것으로, 다른 동물로부터 구별된다고 하는 것만을 표시하고 있는 것에 지나지 않는다. '소'는 개도 아니며, 말도 아니며, 기린도 아니며, 코끼리도 아니며, … 라는 것만을 의미하고 있을 뿐이다. 이것은 타자가 있어야만 비로소 소라고 말할 수 있다는 것으로, 요컨대 소라는 말로 표현되는 것은 자존하는 실체적 존재가 아니라고 하는 것이다. 모든 언어가 표시하는 것도 자존적 실체적 존재가 아니다. 여기에서도 제법이 무자성=공이라고 할 수 있다.

언어의 의미가 인접한 다른 언어에 의해서 한정되어 결정된다는 것은, 색이라는 언어를 생각하면 잘 알 수 있다. 다양한 민족의 국어에 있어서 색의 구별을 표현하는 언어가 많든 적든 있는 것은 당연하지만, 적은 쪽에서는 세 가지 색깔밖에 없는 경우도 있는 것 같다. 가령 색이라는 언어에 적·청·황밖에 없다고 하자. 이때는 무지개도 삼색이 된다. 그렇다면 청색과 녹색의 구별은 없음에 틀림없다. 우리나라에서도 옛날은 그랬을 지도 모른다. 혹은 청색과 자색의 구별은 없음에 틀림없다.

색의 구별은 그 연속체를 어떻게 분절하는가에 따라 발생하는 것이지, 원래 자존하여 있는 것은 아니다. 만약 자색이란 말이 있다면, 청색은 그것 이외의 청색이 되며, 만약 자색이란 말이 없다면 청색속에 자색도 있게 된다. 그렇기 때문에 언어의 의미[그것이 표시하는 것]라는 것은 인접하는 다른 언어에 의해서 한정되는 것에 지나지 않는 것이다. 이것을 간결하게 표시한 말이 '타자의 부정'(anyāpoha)이다. 이것도 불교에서는 오랜 옛날 자각했던 것이다.

지금의 경우, 실은 현대 언어학의 창시자인 소쉬르(Saussure, 1857~1913)가 분명히 한 것이다. 소쉬르도 또한 "언어가 표시하는 것은 각 국어마다의 세계의 분절 방식에 다름 아니다. 언어가 표시하는 것은 미리 자립적으로 존재하는 것이 아니라 인접한 다른 언어에 의해서 규정된다."라고 말하고 있다(丸山圭三郎『ソシュールの思想』岩波書店, 1981年 等 參照).

결국 언어라는 것은 음소[모음·자음]인 경우나, 단어인 경우에도 타자와의 차이 속에 성립하고 있는 것에 지나지 않는다. 언어에는 차이밖에 없는 것이다. 여기에 언어와 밀접히 관련된 실체론에 대한 예리한 비판이 있다.

오감의 흐름에 언어를 세우다

이러한 타자의 부정으로서의 언어는 그렇다면 무엇에 대해서 적용되는 것일까? 이미 세계에는 자존하는 것은 없다는 것을 알게 되었다. 그것을 소위 혼돈의 세계라고 말해도 좋을 런지 모른다. 다만 언어 이전은 모두 혼돈뿐인가 라고 한다면, 반드시 그렇지는 않을 것이다. 가령, 소는 모두 소의 모습을 하고 있고, 말은 모두 말의 모습을 하고 있다. 벚꽃은 화려하게 피고, 대나무는 상쾌하게 하늘을 향해서 뻗어간다. 이러한 생물의 종과 같은 것은 저절로 구별되어 세계를 채색하고 있다. 그것들은 어떤 의미에서 자존하고 있는 것인지도 모른다. 그러나 우리들이 언어를 가지기 이전에는 그러한 구별도 제대로 인식할 수 없을지도 모른다. 또한 책상은 무엇이 책상인가, 의자는 무엇이 의자인가라는 것이 되면 세 개의 다리를 가진 책상도 있을 수 있고, 좌식 의자도 있기 때문에 생물의 종과 같이 명쾌하게 되지 않게 될 것이다.

하여튼 우리들은 언어를 무엇에 대해서 세운다고 할 수 있을까? 여기서 사물이라는 것의 존재가 재삼 음미·점검되지 않으면 안 된다. 원래 세계에 언어를 세운다고 해도 그 세계란 우리들에게 실제로 감각 지각된 세계에 다름 아닐 것이다. 붉다·둥글다·시큼한 냄새가 나고 매끈한 무엇인가에 대해서 사과라는 이름으로 부르지만, 붉다·둥글다고 하는 것은 시각의 감각이며, 시큼한 냄새는 후각의 감각이며, 매끈한 것은 촉각의 감각이다. 이것은 외계의 존재 그 자체라기보다는 자기 자신의 오감에 나타난 감각의 현상들 그것에 다름 아니다. 그렇다면 언어는 외계에 대해서 말하기보다 자기에게 현상하고 있는 여러 감각들 등에 대해 세운 것이 되는 것은 아닐까.

확실히 붉은 사과는 자기의 시각에 드러난 붉음 이외에는 있을 수 없다. 과연 사과의 향기는 자기의 후각에 드러난 향기 이외의 것일 리가 없다. 그렇기 때문에 실은 우리들은 이미 외계에 자립적으로 존재하고 있는 다양한 사물에 대해서 직접적으로 언어를 적용하는 것이 아니라 자기 자신의 오감에 드러난 여러 현상들에 대해서 언어를 세우고 있다고 밖에 말할 수 없다. 이렇게 해서 우리들이 있다고 생각하는 사물은 오감의 흐름, 그 연속적 생기에 대해서 언어를 세워 인식하고 있는 것이 된다.

사건의 세계뿐

그렇다면 그 오감의 흐름의 세계에 실제로 사물은 있을 수 있을까? 그 흐름은 실은 시시각각 미묘하게 변화하고 있는 것이다. 눈의 방향을 바꾸면 시각풍경은 전적으로 바뀔 것이다. 거기에 변하지 않는 사물들은 참으로 존재하지 않는다. 그것뿐인가, 오감은 각각 다른 것이다. 색은 소리가 아니며, 소리는 냄새가 아니다. 대뇌생리학에서 말해도 시각과 청각과 후각 등은 각각 별개의 두뇌에서 발생하고 있다. 우리들에게는 제1차적으로 별개의 오감이 주어져 있다. 게다가 각각 항상 미묘하게 변하면서 멈추지 않는 것이다. 그러한 흐름이 우리들에게 우선 주어져 있고, 거기에 변하지 않는 사과, 책상 등이 있다고 인식해 버린다. 이것은 오히려 착각이 아닌가.

보통은 착각이라고 말할 수 없지만, 적어도 분명히 우리들의 오감의 세계에 사물이라는 것은 없다. 있는 것은 사건뿐이다. 우리들은 사건의 세계에 살아가고 있을 뿐이다. 게다가 또한 거기에 고정된 사물을 연결해 버린다. 그 역할을 담당하는 것이 주로 언어이다. 개별적인 오감이 변화해 가는 흐름에 대해서 언어를 부여함으로서 그것들을 묶고 고정화하여 거기에 사물이 있다고 생각한다. 그것이 실로 우리들이 알고 있는 사물이다.

그런데 그 언어라는 것은 앞에서도 말한 바와 같이 인접한 다른 언어에 한정되어 의미를 낳는 것으로 자존적인 것은 아니었다. 언어 그것이 소위 각 국어마다 다르기 때문에 자의적인 것이다. 그러한 의미에서는 결코 확실한 것이라고도 말할 수 없다. 그런데 그러한 타자와의 차이밖에 표현하지 못하는, 네가티브한 언어를 적용하면서 거기에 오히려 자존적인 그것도 변하지 않는 포지티브한 사물을 인식해 버린다. 이것은 착각이 아니고 무엇일까.

사건적 세계관 – 유식의 사상

이러한 것을 불교는 정확하게 분석하고 규명하여 자각하고 있다. 그것을 담당하고 있는 것이 대승불교의 유력한 철학사상인 유식사상이다. 독자들은 유물론 혹은 유심론이라는 말을 많이 들어보았을 것으로 생각하지만, 유심(唯心)과도 약간 다르며 유식이라고 한다. 여기에서는 감각과 지각 등의 작용의 구별을 상세하게 분석한다. 오감을 유식에서는 안식·이식·비식·설식·신식으로 제시하지만, 그 대상[색·성·향·미·촉]은 그 식 안에 있다고 말한다. 감각대상이라는 것은 각각의 감각 속에 받아들여진 것이기 때문에 이것도 바를 것이다. 그 식 안의 대상을 상분(相分)이라 하고, 이것을 감각하는 측면을 견분(見分)이라한다. 유식에서는 이 오감의 식뿐만 아니라 모든 식[의식 등]의 직접적 대상은 그 식 안에서 현현하는 것[상분]이라고 말한다. 그렇기 때문에 유식이라는 것도 말할 수 있게 된다.

자기 자신의 대상을 안에 지니고서 그 대상을 감각·지각하고 있는 것이 유식의 식이기 때문에 이 식이란 단순한 마음도 주관도 아니다. 색이 보이는 사건, 소리가 들리는 사건, 추리나 판단 등이 행해지고 있는 사건, 그 사건 그것이 유식의 식이다. 그렇기 때문에 식은 오히려 사건이라고 보아야만 한다. 이 사건을 상분, 견분을 갖춘 식이라는 형식에서 이론화하고 있는 것이다. 따라서 유식이라는 것은 참으로는 유사(唯事, 오직 사건뿐)라고 해야만 하는 것이다. 유심이라기보다도 유사이며, 따라서 유식의 세계관이란 사건적 세계관이다.

그것은 소박한 유심이원론·주객이원론 등을 훨씬 초월한 활동적인 사건적 세계관이다. 실로 모던하지 않은가!

언어의 불가사의한 힘

게다가 불교는 이 감각[오감]의 세계는 무분별(無分別)이라고 한다. 또한 현재의 대상에게만 작용한다고 한다. 실제 안식 자신이 색은 푸르다든가 검다든가 판단하지 않을 것이다. 또한 안식 자신이 과거의 색을 본다고는 생각되지 않는다. 결국 오감은 현재에만 무분별하게 작용하고 있는 것이다. 그렇다고 한다면 거기에 사물이라는 것의 인식 등이 있을 수 없게 된다.

그런데 제6의식은 존재하는 모든 것을 인식할 수 있다. 과거나 미래도 생각한다든지 상기한다든지 하며, 이 세계에 없는 것까지 인식 대상으로 할 수 있다. 가령 '모가 난 원'이라는 것도 인식할 수 있다. 그러한 실재하지 않는 것의 사례로서 불교에서는 '토끼의 뿔, 거북의 털'을 자주 거론한다. 그것은 하여튼 그렇기 때문에 의식은 유분별(有分別)이다. 그래서 언어를 다루는 것도 의식이다. 이 의식이 오식의 흐름의 세계[사건적 세계]에 언어를 적용하여 사물을 인식한다. 거기에 실체적인 존재[상주 불변하는 존재]로서의 사물이 있다고 조차 간주해버린다. 그렇지만 그것은 참으로 착각이며, 미혹한 인식이라고 불교는 밝힌다.

사물만이 아니다. 신심(身心)이라는 현상의 흐름 가운데 자기 자신이라는 것, 자아라는 존재를 인정해 버리는 것도 역시 의식 세계에서의 일이다. 1인칭 대명사를 반복해서 사용하는 것도 그것에 아주 크게 관여하고 있는 것이다[실은 의식 이전의 말나식에서 이미 자아가 집착되고 있지만]. 이렇게 해서 실체적인 존재가 있다고 생각하기 때문에 그것에 집착한다. 자기 자신에 집착하고 사물에 집착한다. 집착하기 때문에 뜻대로 되지 않는다고 괴로움에 허덕이게 된다. 이것은 무명의 타고난 능력인 것이다.

참고로 착시 속에 있다고 생각되는 것을 유식사상의 삼성설(三性說, 존재의 존재방식을 세 개로 나누어서 파악하는 이론)에서는 변계소집성(遍計所執性)이라고 한다. 즉 다양한 분별[변계]에 의해서 실체시되어 집착된 것이다. 현상세계 그것은 의타기성(依他起性)이라고 한다. 다른 것에 의존해서 일어난다. 의타기성은 연기의 세계 그것이며 유식에서는 팔식의 상분·견분의 흐름이다. 그 의타기성은 현상세계이기 때문에 어떤 것이든 실체·상주의 본체를 지니는 것이 아니며 무자성·공이다. 그 공인 존재방식 그것을 별도로 제시하여 원성실성(圓成實性)이라고 한다. 원성실이란 현상세계가 실체적 존재가 아니라고 하는, 그 공이라는 본성[공성]이 원래 완성되어 있고, 진실이며, 그것은 일체의 현상을 시간적으로 공간적으로 연결한다는 것을 의미하는 말이다. 현상세계는 사건적 세계이지만, 그것은 연기의 세계이기도 하기 때문에 의타기성이라고 한다. 그것에 대해서 다양한 분별을 일으키는 의식에 의해서 실체적 존재로서 집착된 것이 변계소집성이다. 삼성설은 이와 같은 세 종류의 존재에 의해서 우리들의 세계를 해명한다. 나는 이 존재의 해부는 실로 훌륭한 것이라고 생각한다. 상세한 것은 다른 유식의 해설서를 참조하기 바란다.

그렇다고 하면 본래 사건의 세계, 현상세계의 흐름 위에 언어의 불가사의한 힘을 근거로 사물[실체]을 인정해 버린다. 이것이 우리들의 현실이라고 불교는 해명한다.

언어가 세계를 구성하다

이상의 논의를 독자들은 어떻게 생각할까? 아무래도 우리들이 사물에 관해서 인식하고 있는 것은 외계 그것보다 자기 자신의 오감을 전제로 하고 있다고 생각할 것이다. 다만 그 다섯 종류의 감각을 성립시키는 그 원래의 사물이 그 오감 이외에 즉 외계에 있는 것은 아닌가, 언어도 대개 그것에 대응하고 있는 것은 아닌가라고 느낄 것이다. 과연 우리들이 인식하고 있는 사물은 우리들의 오감 위에 구성된 것이라고 해도 그것과 일치하는 본래의 사물이 바로 세계에 존재하고 있다고 생각한다면, 우리들의 사물 인식은 반드시 착각이 아니라고 말하고 싶은 것이 아닐까.

그것은 지당한 이야기이다. 실제 칸트(Kant, 1724~1804)도 로크

(Locke, 1632~1704)도 그러한 구도를 묘사하여 자기 자신의 철학을 구축했다. 그쪽이 오히려 타당한 사고방식인지도 모른다. 다만 그 외계에 존재한다고 생각되는 본래의 사물에 관해서 칸트는 '물자체(物自體, Ding an sich)'라 불렀지만, 그것은 어떠한 색깔을 띠고 있는지, 어떠한 형태를 하고 있는지 전혀 알 수 없다고 했다. 우리들이 알고 있는 것은 어디까지나 인간의 감각에 근거한 것이며, 그 인간조차 인간에 선험적으로 갖추어져 있는 형식에 즉하여 받아들이는 것에 지나지 않는 것이다. 그 물자체 그것에 관한 기술은 어떻게도 표현할 수 없다고 한 것이다. 이것 또한 적확하지 않는가.

만약 그와 같이 외계의 실재로서의 사물을 상정한다면 유식이라는 것은 관철할 수 없게 된다. 그렇다면 그것을 유식사상은 어떻게 생각하는 것일까? 실은 유식에서는 그 물자체에 상당하는 것을 의식 아래의 아뢰야식(阿賴耶識)이라는 식에서 구하고 있다. 이 분야는 너무나 어려운 것이다. 이것에 관해서는 나중에 또한 장을 바꾸어 설명해 보기로 한다(113쪽 이하 참조). 이 장은 본래 언어의 문제에 관해서 다루고 있기 때문이다.

덧붙여서 우리들의 의식이 언어를 직접 적용하는 대상은 감각 흐름의 세계이기 때문에 유식에서는 그것을 다만 혼돈의 세계로서 해결해 버리지는 않는다. 적어도 안식·이식·비식·설식·신식의 찰나멸의 연속적 생기라고 하는 것처럼, 어떤 종류의 분석과 이론화를 담당하고 있는 것이다. 게다가 이것은 대단한 사유방식이라고 생각된다.

결국은 의식이 오감에 대해서 언어를 적용하면 그 경험이 의식 아래의 아뢰야식에 보존되며, 그 뒤 그 의식의 언어에 의한 분절에 알

맞은 존재방식으로 여러 감각들이 생기하고 있는 것이다. 즉 언어를 반복해서 사용하는 경험이 이윽고 일종의 구조화된 세계를 형성한다는 것이다. 요컨대 언어가 세계를 구성한다. 그렇게 단순화하는 것은 약간 문제도 있을 수 있지만, 그러나 세계의 현실은 확실히 그럴지도 모른다. 갓 태어난 아기는 소위 빛의 소용돌이 속에서 태어난다. 이 윽고 언어를 지각해 가는 과정에서 세계의 성립이 명확하게 보이기 시작했다고 하는 것은 있을 수 있는 것은 아니었을까. 유식사상은 그러한 것도 아뢰야식을 매개로 하여 일어난다는 것을 상정하고 있다. 실로 인간의 인식의 존재방식을 세밀하고 정교하게 해명하고 있다.

"나는 (~을) 본다."는 성립하지 않는다

불교의 언어분석은 이상에서 그치지 않는다. 지금까지 기술한 것은 소위 단어의 지평에서의 논의였다. 이것은 일종의 의미론일 수도 있다. 나아가 문장 지평의 분석도 있는 것이다. 그것은 전에도 언급한 용수의 철학에서 볼 수 있다. 용수는 거기서 모든 유형의 문장[명제]을 제시하여 거기에 사실과의 괴리나 논리적인 모순이 있다는 것을 지적해 가는 것이다.

가령 "나는 (~을) 본다."라고 말했다고 하자. 그렇다면 보는 '나'라는 것은 무엇일까? 그것은 "나는 (~을) 본다."라는 것이기 때문에, 그 보기 전에 존재하고 있는 것은 무엇인가라는 것이 된다. 그것은 보기 이전만은 아니다. 듣기보다도 읽기보다도 걸어가기보다도 달려

가기보다도 이전에 존재하고 있는 것은 무엇인가, 즉 모든 작용 이전에 존재하고 있는 것은 무엇인가 라는 것으로 되어 버린다. 즉 작용을 가지지 않는 기체(基體, substance)로서 나다. 그렇지만 도대체 그러한 현상에 관계하지 않는 나라는 존재를 어떻게 알 수 있을까? 그 나란 건 도대체 무엇일까?

만약 그러한 나가 있다고 한다면 그것이 본다고 하는 것은 어떠한 것일까? 원래 작용을 가지지 않는 것이기 때문에 어딘가에 미리 존재하는 '보는 작용'과 결합하여 처음으로 본다고 하는 것도 가능해진다. 그렇지만 도대체 보는 작용만이 어딘가에 있다고 생각되는 것일까. 이것은 이상한 이야기이다. 어떤 의미에서는 그러한 것이 있다고 한다면 있지도 않는 유령에 의해 공포를 느끼는 것과 같은 것이다.

따라서 보는 작용과는 별도로 내가 있다고 하는 것은 도무지 성립할 수 없다. 그렇다면 보는 작용과 나는 하나라고 한다면, 그렇다면 듣는 자는 누구인가 라는 것이 문제가 된다. 그렇다면 일체(一體)가 아니지만, 별체(別體)로도 아니라는 것이 바른 것일까. 그러나 같지도 않은, 다른 것도 아니라는 언표방식은 보통은 논리적으로는 배제되어 세간의 언어에서는 통용되지 않는 것이다. 역으로 말하면 세간 상식의 언어세계는 실은 이와 같이 모순을 안이하게 배제한 천박한 허위로 가득 찬 논리와 인식 위에서 성립해 있음을 알 수 있다. "나는 (~을) 본다."라는 극히 단순 소박하게 지극히 당연한 언표방식 중에 이미 크게 문제가 잠재해 있었던 것이다. 그것은 기체와 작용을 미리 나누어 놓고 게다가 연결점이 문제였던 것이다.

그렇다고 해도 언제나 우리들은 나는, 나라고 말하지만, 그 나란

도대체 무엇일까? 기체로서 변하지 않는 상주불변의 나[=아=아트만]가 있다고 한다면 그러한 것이 자기 자신의 어딘가에 있을 것이다. 그러나 그러한 것은 자기 자신의 어디에도 없다. 비트겐슈타인도 말하는 "나는 치아가 아프다"는 것은 넌센스다. 치아가 아프다의 그 아픈 감각 이외에 존재하는 나란 무엇일까? 그러한 것은 있다고 생각할 수 없고 말할 수도 없다(拙著『インド仏教の歴史-'覚り'と'空'』講談社學術文庫. 2004年, 206項 参照). 이것은 용수가 말하고 있는 것과 같은 것이다. 결국 "나는 (~을) 본다."라는 문장은 성립하지 않는 것이다.

운동은 가능한가

혹은 또한 "자동차가 달린다."라고 말했다고 하자. 도대체 그것은 멈추고 있는 자동차가 달리는 것일까, 달리고 있는 자동차가 달리는 것일까? 멈추어 있는 자동차는 멈추고 있기 때문에 달리지 않는다. 달리고 있는 자동차가 달리는 것이라고 하면 이미 달리고 있는 자동차가 계속해서 달리는 것일까. 그 경우는 이미 달리고 있는 그 운동과 그것이 더욱 달린다는 그 달리는 운동과 두 개의 운동이 하나의 것으로 있는 것이 되지만, 그것은 우스운 이야기이다. 따라서 자동차가 달린다고 하는 것은 말할 수 없다는 것이 용수의 지적에 있다.

여기에는 운동은 있을 수 있는가라는 문제가 담겨있는 것이다. 그것은 시간의 문제라고도 말할 수 있다. 가령 과거에 운동은 있을까? 과거는 무로 돌아가 있기 때문에 거기에는 운동은 없다. 미래에 운동은 있을까? 미래는 아직 없기 때문에 거기에도 운동은 있을 수 없다. 그렇다면 현재에 운동은 있을까? 이것에 대해서는 다양한 생각이 있을지도 모른다. 현재에 운동은 있다고 한다면 그 언제나 현재에 있다고 하는 의미에서 이미 운동하면서 존재하는 것이 운동한다는 것으로 되지만, 그것은 지금 본 하나의 존재에 두 개의 운동이 따라다닌다는 모순을 범한다. 한편 현재를 극한까지 미분하여 지금밖에 없다고 본다면 거기에 운동은 없다. 운동이 없다면 작용도 없다.

여담이지만, 나는 언제나 도쿄역 야에스(八重州) 입구에서 고속버스를 타고 집으로 돌아간다. 버스가 하차해야 할 정류소에 가까워지면 아나운서의 멘트로 "잘 정차한 후에 내리십시오."라고 말한다. 그렇지만, '잘 정차'란 어떠한 것일까? 버스는 멈추는 작용을 하고 있는 것일까.

언어를 해체하는 용수

그것은 하여튼 운동과 관련하는 문제의 지적에는 본래 시간적인 세계를 공간적으로 파악하는 모순이 지적된다. 운동은 과거에서 현재까지를 동일한 공간에 투영했을 때에 처음으로 말할 수 있을 것이다. 그렇다면 운동은 우리들의 마음속에 성립하는 것에 지나지 않는 것이다.

언어라는 것도 또한 같은 것이다. 나는 본다, 자동차는 달린다, 그러한 시간적으로 이행하는 문장 전체가 인식되어 의미도 나온다. 거기에 의식이라는 것의 독자적인 세계가 있다. 그렇지만 세계 그것은 제행무상이며 한 순간도 멈추지 않고서 흘러갈 뿐이다. 그 진실은 주어를 세워서 기술하는 문장, 즉 기체를 상정하고 작용을 별도로 세워서 시간을 공간화하는 세계의 밖에 있는 것이다. 세계는 그러한 언어로 말하고 그것으로 끝나는 것이라고 해도, 역시 생명의 진실은 정확히 보아야할 필요가 있다.

거기서 용수는 이와 같이 모든 유형의 문장의 모순을 무릅쓰고 언어의 해체로 향하는 것이다. 『중론』의 서두에서는 그것을 '불생(不生)·불멸(不滅)·불상(不常)·부단(不斷)·불일(不一)·불이(不二)·불래(不來)·불출(不出)의 적멸인 희론적멸(戱論寂滅)의 연기'라고 말한다. 진실은 기체와 같은 실체가 없는 세계이기 때문에 실체를 상정한 언어는 해체되지 않을 수 없는 것이다. 확실히 언어로 말해지는 진실도 있을 것이다. 그러나 실제로는 언어가 해체되어간 곳에 궁극의 진실이 있다. 그것을 제1의제 혹은 승의제(勝義諦)라 한다. 제라는 것은 진리라는 의미이다.

말할 수 없는 것을 말하다

그런데 그 '희론적멸의 궁극의 진리'를 말할 수 있는 언어가 있을 수 있다고 불교는 말한다. 말할 수 없는 것은 궁극인 것이 아니라, 말할 수 없는 것을 더구나 말하는 곳으로 더욱 나아간다. 그것에는 내가 보는 바 3종류가 있다.

하나는 말해지지 않는다고 말하는 언어이다. 궁극의 진리는 불가설이라고 그렇게 말하는 경우의 말이다. 『대승기신론』에서는 의언진여(依言眞如)와 이언진여(離言眞如)를 든다. 이 경우 진여가 지금의 승의제에 상당하는 것이지만, 그것에 언어로 표현된 진여와, 언어를 여읜 진여가 있다고 하는 것이다. 언어를 여읜 진여라고 해도 그것은 언어로 표현되는 것이다. 인간은 어디까지나 언어를 벗어날 수 없는 존재인지도 모른다. 그 때문인가, 『유마경』의 주인공인 유마거사도 "궁극의 진리란 무엇인가?" 라는 질문을 받고서 한참동안 침묵하였다. 이것은 후에 전승되어 "유마의 침묵, 우뢰와 같다." 등으로 전해진다.

대체적으로 불교는 그러한 입장에서 언어체계를 형성한다. 즉 말해지지 않는다고 하는 것을 말해버리는 언어우주이다. 유식이라고 해도 깨달음의 한 복판에서 유식이라는 이해조차 초월해야 한다고 말한다. 유식의 철학은 참으로 유식이라는 요해를 더욱 부정하여 초극해 가기 위한 것이다. 게다가 그것을 무분별지라는 지혜로 진여를 증득한다는 등으로 설명한다. 무분별지라는 것은 대상적 인식을 초월한 직각적(直覺的)인 깨달음의 지혜이다. 그렇다면 그것이 증득하는 진여란 무엇인가 라고 하면, 그 유식실성의 궁극은 이언진여라는 것이 된다.

불립문자·교외별전

또 하나는 선에서 보이는 문답의 고차원적인 전개나 시적 언어의 응용이다. 선종은 불립문자(不立文字)·교외별전(敎外別傳)이라고 하여 일단은 철저하게 언어를 버린다. 무념무상(無念無想)에 들어간다고 하는 좌선은 그 실천에서도 동일하다. 또한 그러한 언어나 분별을 초월한 경지에 들어가기 위해 보통은 문답을 사용해 간다. "두 손으로 손바닥을 치면 소리가 나고, 한 손으로 어떤 소리가 날까." 한 손으로 소리가 나지 않음에도 불구하고 게다가 그 소리를 듣지 않을 수 없다고 한다. "무엇이 부처인가, 마른 똥 막대기." 놀랍게도 똥 막대기가 부처라고 한다.

그러나 그렇게 하여 온 힘으로 좌선을 하여 깨달음을 열면 그 경지를 묘사하는 언어가 자연스럽게 넘쳐 나온다.

> 먼 산은 아득히 푸른빛으로 늘어섰네,
> 외로운 달 홀로 비추니 강산이 고요하네.
> 깊이 잠을 자 비가 내린 걸 알지 못하였는데,
> 집이 서늘하여 알게 되었다.
> 遠山無限碧層層,
> 孤輪獨照江山靜.
> 睡美不知山雨過,
> 覺來殿閣自生凉.

시와 철학이 하나가 된다.

절학무위(絕學無爲)의 미묘한 곳을 표현하는 언어가 마치 시적 표현으로 탄생한다. 그 언어는 언어의 부정과는 별도의 형식으로 우선 진실 그것을 말하고 있는 언어가 된다.

'아' – 밀교의 언어우주

　나아가 또 하나는 궁극의 진리도 말하며, 또한 궁극의 진리 자신이 말하는 그러한 언어가 있다는 주장이다.

　실제 이런 주장은 밀교(密教)에서 나타난다. 밀교는 자기 자신들의 불교 이외의 가르침을 현교(顯敎)라 불러 구별한다. 이 밀교와 현교의 차이는 밀교의 주장에 의한 것이지만, 소위 석가모니 부처님이 설하신 것이 현교, 석가모니 부처님을 초월한 근본적인 부처님[법신불=대일여래]이 설한 것이 밀교라는 것이다. 이것과 동반하여 현교는 상대에 응한 방편의 가르침이며 언어는 알기 쉬운 것이다. 그러나 밀교는 진실을 그대로 설한 것으로 언어가 심오해 대단히 알기 어렵다고 한다. 여기에 밀교의 독특한 언어이론이 전개된다.

　다만 그러한 이유 때문에 밀교의 언어라는 것은 같은 언어라고 해도 우리들의 보통의 감각으로 이해해서는 안 된다. 역시 궁극의 진리를 말하는 언어이기 때문에 독자적이고 독특하다. 하나의 사례로 언어를 암호와 같이 사용하는 것이다. 즉 그 단어나 문장이 의미하는 바가 표면상의 보통의 의미를 초월하여 전혀 다른 의미를 지시한다든지, 동시에 다채롭고 다양한 의미를 지니고 있다든지 한다. 따라서 평범한 사람이 읽어도 전혀 잘못 해석하는 것은 충분히 있을 수 있는 것이다. 이 지점이 밀교의 어려운 지점이다. 밀교는 그 자기 자신들의 언어야 말로 진언(眞言)이라고 한다.

　밀교의 언어관에서 더욱 흥미가 깊은 것은 단어나 문장뿐만 아니라 문자[본래 모음·자음의 음소의 의미]도 또한 각각 다채로운 의미를 간직하고 있다고 주장한다. 유명한 아자관의 아(阿)자는 그 하나의 문자[일음(一音)]만이며, 가령 일체의 모든 법이 본래 생긴 적이 없는 것 이외 나아가 보리심(菩提心)·보리행(菩提行)·증보리(證菩提)·반열반(般涅槃)·구족방편지(具足方便智)·개(開)·시(示)·오(悟)·입(入)·방편선교의 지혜의 원만(方便善巧知慧圓滿) 등을 의미한다고 한다[『비장보륜(秘藏寶鑰)』「비밀장엄심(秘密莊嚴心)」].『훔자의(吽字義)』가운데 훔자(吽字) 등의 해설에는 그 상당한 양의 의미가 제시된다.

그러한 모음·자음의 조합에 의해 단어가 발생하고 문장이 생성되기 때문에 밀교의 언어우주는 얼마나 풍요로운지 헤아릴 수 없다. 게다가 이 언어세계의 특성은 실은 존재 그것의 특성이며, 자기의 가장 중요한 특징 그것이라는 이야기가 된다. 즉 책상을 책상이라고 결정할 필요는 없다. 책상은 의자이기도 하며 발판이기도 하며, 좌선의 방석이기도 하며, 불상을 장식하는 좌대이기도 하며, 혹은 극히 대담하게 자기표현의 무대이기도 하고 극장이기도 하며, 심해의 용궁이기도 하며, 히말라야의 정상이기도 하다. 자기는 자기이지만, 실은 부모를 부모로 되게 한 조부모에 다름 아니기도 하며, 고대의 학승이기도 하며, 미래의 우주비행사이기도 하다. 모두 한 가지 의미만으로 결정되지 않으며, 한 가지 의미만으로 속박되지도 않는다. 세계는 의미의 광대한 여러 겹의 중중무진인 것이다. 언어를 넘어서 보면 그것이 보인다. 언어를 벗어나서 보아도 그것이 보일지도 모른다. 나아가 언어에 일의성이 아니라 다중성을 보면 그것이 보일 것이다. 결국 언어의 세계라는 것은 실은 심오한 것이다. 언어는 인간이 인간인 것의 진정한 급소일지도 모른다. 불교는 그것을 어디까지나 끝없이 추구해간다. 실로 흥미진진하지 않은가!

제3장 마음에 대하여

심층심리 속에 있는 것

✿ 제3장 마음에 대하여 ✿
심층심리 속에 있는 것

의식 아래의 세계

인간의 마음속에는 무엇이 있을까. 의식 아래의 세계, 무의식의 세계에는 무엇인가 놀라운 것이 잠재해 있는 것 같다. 인간으로서 성숙해가는 과정 속에서 겉으로 드러내지 않으려고 집어넣어 버렸던 것, 억압된 것이 무의식이 되어 끊임없이 의식에 영향을 주고 있다는 것은 아마도 추측할 수 있을 것이다.

남자들은 울어선 안 돼 등과 같은 말을 언제나 들으면서 자라게 되면 자기 내면 속의 알려져 있지 않은 여성적 측면이 억압되어 버린다. 거기에 본래의 인간성의 왜곡이 발생하며, 자기도 모르게 언제나 긴장을 어쩔 수 없이 하게 될 지도 모른다. 여자라고 해도 같은 것을 말할 수 있다. 우리들은 자기 스스로는 느끼지 못해도 실은 무의식의 색안경을 끼고서 세계를 보고 있는 지도 모르는 것을 충분히 상상할 수 있다.

또한 지금의 억압상태를 필요 이상으로 과대평가하고 있는지도 모른다. 역시 자각적으로 사물을 제대로 분별하는 것이 의식 아래에까지 정리하여 사회생활을 문제없이 영위할 수 있기 때문이다. 의식은 깔끔히 무의식을 제어하는 것도 또한 가능한 것이다. 그렇기 때문에 옛 부터 예의범절을 중시해 왔다. 몸을 예의바르게 하는 교육은 인간이 인간으로 되는 수행이라고도 말할 수 있다. 1월의 성인식을 맞이하는 사람은 실로 인간이 되어야 하는 것이다.

　그것은 잠시 미뤄두고, 불교는 마음이라는 것을 상당히 깊게 천착해 들어간다. 다양하게 존재하는 불교 중에서도 마음의 문제를 묻기 위해서는 우선 유식의 사고방식을 보아야만 할 것이다. 거기서는 의식 아래의 세계마저도 규명하고 더욱이 이론화하여 표현하고 있다.

유식사상이 마음을 보는 방식

　본래 불교에도 다양한 사상학파가 있는 것에 대해 미리 간략하게 설명해 두는 것이 필요할 지도 모른다. 그러나 이 책의 주제는 '철학'이기 때문에 그다지 역사적 사정으로까지 깊게 파고 들어갈 필요는 없을 듯하다. 원래 불교에는 소승불교와 대승불교가 있고, 인도 대승불교의 양대 조류에 용수에서 출발하는 중관파와 미륵(彌勒)·무착(無着, 300~390)·세친(世親, 400~480)에서 출발하는 유식파[유가행파]가 있다.

　그 유식 사상을 중국으로 도입한 유력한 한 사람이 바로『서유기(西遊記)』로 유명한 현장(玄奘, 602~660)이다. 현장에 의해서 인도의 나란다 학원에서 연구되어 왔던 유식철학이 중국으로 번역되어 법상종(法相宗)이 성립했다. 그것은 잇따라 한국과 일본에도 전해져서 신라불교의 법상종과 나라(奈良) 불교의 남도육종(南都六宗)의 하나가 되었다. 흥

복사(興福寺)나 약사사(藥師寺)는 이 법상종의 사찰이다. 당시 인도의 최신 철학이 거의 시간적인 차이도 없이 남도에서 연구되었던 것 같다.

그 유식사상이 마음을 보는 방식에는 대략 두 가지가 있다. 하나는 한 사람 한 사람의 마음을 여덟 단계로 보는 것, 또 하나는 다양한 마음을 분류하여 제시하는 것이다. 앞에서 설일체유부 5위75법의 아비달마 법의 체계를 언급하였지만, 거기서 심왕·심소유법이라는 것이 있었다(32쪽 참조). 대승불교인 유식사상에서는 75법이 아니라 5위 100법을 설했다. 그 가운데 심왕은 각각 마음 활동의 중심을 이루는 것으로 8식을 의미한다. 유식설에서는 심왕은 하나만이 아니라 여덟 개다. 우리들은 오감[전오식. 안식·이식·비식·설식·신식]과 의식[제6의식]에 관해서는 자각하고 있지만, 그밖에 나아가 제7식, 제8식이 있다고 하는 것이다. 제7식은 말나식(末那識)이라고 한다. 제8식은 아뢰야식(阿賴耶識)이다. 그것들에 관해서는 뒤에 설명할 것이다.

5위100법

심왕법(8)

안식(眼識)·이식(耳識)·비식(鼻識)·설식(舌識)·신식(身識)·의식(意識)·말나식(末那識)·아뢰야식(阿賴耶識)

심소유법(51)

변행(遍行)　촉(觸)·작의(作意)·수(受)·상(想)·사(思)

별경(別境)　욕(欲)·승해(勝解)·염(念)·정(定)·혜(慧)

선(善)　신(信)·참(慚)·괴(愧)·무탐(無貪)·무진(無瞋)·무치(無痴)·근(勤)·경안(輕安)·불방일(不放逸)·행사(行捨)·불해(不害)

번뇌(煩惱)　탐(貪)·진(瞋)·치(痴)·만(慢)·의(疑)·악견(惡見)

수번뇌(隨煩惱)　분(忿)·한(恨)·복(覆)·뇌(惱)·질(嫉)·간(慳)·광(狂)·첨(諂)·해(害)·교(憍)·무참(無慚)·무괴(無愧)·도거(掉擧)·혼침(昏沈)·불신(不信)·해태(懈怠)·방일(放逸)·실념(失念)·산란(散亂)·부정지(不正知)

부정(不定)　회(悔)·면(眠)·심(尋)·사(伺)

색법(11)

안근(眼根)·이근(耳根)·비근(鼻根)·설근(舌根)·신근(身根)·색경(色境)·성경(聲境)·향경(響境)·미경(味境)·촉경(觸境)·법처소섭색(法處所攝色)

심불상응법(24)

득(得)·명근(命根)·중동분(衆同分)·이생성(異生性)·무상정(無想定)·멸진정(滅盡定)·무상보(無想報)·명신(名身)·구신(句身)·문신(文身)·생(生)·노(老)·주(住)·무상(無常)·유전(流轉)·정이(定異)·상응(相應)·세속(勢速)·차제(次第)·방(方)·시(時)·수(數)·화합성(和合性)·불화합성(不和合性)

무위법(6)

허공(虛空)·택멸(擇滅)·비택멸(非擇滅)·부동멸(不動滅)·상수멸(想受滅)·진여(眞如)

한편 심소유법(心所有法)이라는 것은 심왕(心王)에 소유되는 법이라는 의미로서 심왕에 상응하여 작동하는 개별적인 마음이지만, 유식에서는 그것을 51개의 다르마로 분석한다. 어느 심왕과도 반드시 함께 작동하는 것[변행(遍行)], 특정의 대상에 대해서 작동하는 것[별경(別境)], 선한 마음과 작동하는 것[선(善)], 번뇌[근본번뇌(根本煩惱)], 수번뇌[지말번뇌(枝末煩惱)], 그 외[부정(不定)]로 나눈다. 역시 번뇌·수번뇌의 분석이 대단히 상세하다. 번뇌라는 것은 불타듯 괴로운 것으로 이해하면 좋을 것으로 생각한다. 마음을 어지럽히고 혼탁하게 하며 아프게 하는 것이 번뇌이다. 탐욕, 성냄 그리고 그 어떠한 것도 알지 못한다고 하는 무명, 이러한 것이 번뇌이지만 그것은 본능적으로 탁한 것[번뇌]인지도 모른다.

자아에 대한 집착 – 말나식

그런데 제7식을 말나식이라고 하지만, 말나는 산스크리트어의 마나스(manas)를 음사한 것으로 그 마나스는 '생각하는 것'이라는 의미이다. 그것도 자아가 있다고 생각해 버린다. 언제나 그 자아를 집착하고 있는 것이다. '언제나'라고 하는 것은 가령 잠자고 있는 상태이다. 잠을 자고 있으면 의식은 일어나지 않는다. 그러나 그 때도 말나식은 작용하고 있고, 자아에 집착하고 있다. 그것만인가. 깨어있을 때, 타인에게 좋은 것을 하려고 생각한다든지, 수행하려고 생각하여 실제로 행동에 힘쓰려고 해도 그 경우 의식은 선한 마음이 되지만,

그렇다고 해도 그 아래에서 말나식은 자아에 집착하고 있다고 한다. 그것은 사실일지도 모른다.

이 지적에는 참으로 예리한 점이 있다. "정(情)은 남을 위한 것이 아니다."라는 구절은 아무래도 이것을 의미하고 있는 것 같다. 타인에게 정을 베푼다는 것은 자기를 위해서이기 때문이다. 물론 이 구절의 의미는 정은 좋지 않은, 남을 위해서 베푸는 것이 아니라고 하는 의미가 아니다.

그렇다면 인간이 행하는 선은 모두 위선이라고 하는 것일까. 그러나 불교는 반드시 그렇게는 보지 않는다. 의식이 선을 선택하고 실행하는 것은 중요한 것이며 그 의식의 자각적인 선택이 말나식도 변하도록 작용하고 있다고 보고 있는 것이다. 아집의 말나식이 작용하기 때문에 어떠한 선도 행해서는 안 된다고 하는 것이 아니라 말나식이 작용하고 있기 때문에 의식상에서 선을 선택하여 실천해야만 한다고 하는 것이다.

중국의 정토교 사상가인 선도(善導, 613~681)라는 사람은 인간이 행하는 수행[선]은 모두 독이 섞인 선[잡독(雜毒)의 선]이기 때문에 해도 소용이 없는 유해하기도 하다는 의미의 말을 했지만, 그것은 약간 난폭한 기분도 든다. 물론 번뇌를 어쩔 수 없이 여의지 않는 자기의 마음의 실제를 응시하고 반성하고 자각하는 것은 대단히 존경스러운 일이다. 그것은 참으로 중요한 것이다. 그러나 불도의 수행을 모두 부정해버리는 것은 어떠한가. 물론 수행자가 자기 자신은 수행을 했다고 생각하는 것은 근본적으로 문제이다.

무엇보다도 여기에는 미묘한 사정이 있다. 타력에 맡기는 것에 의해 자력을 버리고 수행을 하지 않을 때 그 수행을 방하(放下, 버리고 떠나는 짓)하는 그것이 그대로 행이 된다고 하는 사정이 실제 있게 되는 것이다. 불도의 모든 수행은 자력의 방사(放捨)이며, 가령, "이대로 좋다."라는 요해와 그 실천은, 실은 상당히 고상한 행이 되는 것은 자세히 보면 알 수 있다. 그것은 반케이 선사(盤珪禪師, 1622~1693, 임제종)가 언제나 다만 "다시는 태어나지 않게 하소서"라고 설하는 가르침과 통하는 것이다. 이 쪽의 내용은 진심으로 수행에 몰두한 자에게만 알려지는 것이라 할 수 있다.

마음 깊은 곳의 광대한 창고 – 아뢰야식

그것은 차치하고, 그 말나식에는 네 개의 근본번뇌와 여덟 개의 수번뇌[대수번뇌(大隨煩惱)]가 함께 작용한다고 한다. 네 개의 번뇌란 아애(我愛, 貪)·아만(我慢)·아견(我見)·아치(我癡, 無明)이다. 무명이 있어 자아에 집착하고 자아가 있다고 하는 견해가 생기며 자아를 고수하려고 한다. 이러한 마음이 언제나 존재하며 그것이 언제나 의식을 소위 오염케 한다고 하는 것이다. 의식 지평의 아집은 의식 아래에서 즉 무의식 속에서 끊임없이 생기한다고 유식은 분명히 밝히고 있다. 그렇기 때문에 인간은 성가신 존재인 것이다. 그렇더라도 의식은 그것을 떠나서 자유롭게 선을 이해하고 선택하는 것도 또한 가능한 것이기 때문에 역시 훌륭한 것이 아닌가. 인간은 버려야 될 존재가 아닌 것이다.

그럼에도 이 말나식은 무엇을 자아라고 보는 것일까? 그것은 아뢰야식, 좀 더 말하면 그 아뢰야식의 주체의 방면[견분]이라고 유식은 분명히 한다. 말나식의 더욱 그 아래에 있는 아뢰야식의 그 주체의 방면이 찰나멸의 상속 속에서 끊임없이 생기한다. 그것을 말나식은 대상[의거하는 곳]으로 하면서 자기 자신의 식 가운데 상주하는 자아의 이미지[상분]를 떠올려 게다가 그것에 집착하는 것이다. 본래 주체일 수밖에 없는 근원적인 생명을 굳이 대상화하여 고정화하고 게다가 그것에 집착하고 그렇기 때문에 그것에 결박되어 버린다. 그러한 것이 자기 자신의 의식의 배후에서 이미 작동하고 있다고 규명하는 것이다. 의식 위의 세계밖에 다루지 않는 학문 사상보다 전적으로 깊지 않은가!

게다가 이 말나식이 대상으로 하는 아뢰야식은 더욱 깊은 곳에 존재한다고 유식은 밝힌다. 아뢰야라는 것도 산스크리트어의 알라야(ālaya)를 음사한 것이다. 알라야란 창고이며, 자기 자신의 마음 깊숙한 곳에 광대한 창고가 있다고 하는 것을 유식은 말하고 있다.

그렇다면 도대체 거기에는 무슨 일이 벌어지고 있는 것일까. 그곳은 과거 일체 경험의 정보원이다. 본다든지 듣는다든지 생각한다든지 하는 것 모두가 정확히 거기에 저장되어 있다. 프로이트(Freud, 1856~1939)나 융(Jung, 1875~1961)이 그러한 것을 말하기 훨씬 전부터 불교는 인간을 그와 같이 입체적으로 보았던 것이다. 그것도 이 경우의 과거란 이 세상에 태어나면서 부터만이 아니다. 불교는 생사윤회를 말하기 때문에 이 과거 일체는 무시이래 생사, 윤회해 왔던 사이에 경험한 일체라는 것이 된다. 미심쩍다고 한다면 아메바 이후의 진화의 경험을 저장하고 있는 세계가 있다고 생각한다면 좋을 것이다.

의식 위와 의식 아래의 교섭

그렇다면 융이 말하는 집단적 무의식에 상당하는 것도 아뢰야식을 설함으로써 설명할 수 있을 것이다. 인류나 민족이나 지역에 공통의 의식이 공통의 체험을 저장하고 있는 아뢰야식에서 저절로 생겨나올 가능성은 충분히 존재하기 때문이다.

다만 아뢰야식 자신에는 의식적·자각적 활동은 전혀 없고, 또한 그 세계는 우리들에게는 대개 불가지의 세계이다. 이 아뢰야식과 함께 작용하는 심소유법도 최소한의 것[변행의 다섯의 마음작용뿐]만으로 그것에 선한 마음이나 번뇌의 마음이 실제로 활동할 리가 없다. 그러한 의미에서는 이 의식 아래의 근원적인 식은 선도 악도 아니며 말나식과 같이 번뇌가 상응하고 있는 것도 아니며 전적으로 중립적이며, 오히려 그렇기 때문에 거기에 과거의 선한 행위의 경험이나 악한 행위의 경험의 정보를 그 성질 그대로 보존 유지하고 있을 수 있다.

우리들이 선을 행한다. 그렇다면 그것이 점점 아뢰야식에 저장된다. 그 자리에서 즉시 저장된다. 우리들이 악을 행한다. 그렇다면 즉시 그것이 아뢰야식에 보존된다. 싫다고 해도 이것은 피할 수 없다.

이렇게 해서 한 순간 한 순간 경험한 것이 의식의 깊숙한 곳에 있는 아뢰야식의 세계에 저장되어가며, 또한 그 저장된 정보의 특별히 선악의 성질의 비율이 이 세계의 인생에도 무엇인가 영향을 주며, 나아가 생사의 어느 세계에 태어나는가를 결정해 간다. 지옥·아귀·축생·수라·인간·천상의 육도윤회를 따라 움직여 간다. 이 생사윤회인 것도 사실이라기보다도 그 의미를 해석하여 이해하는 것이 좋을 것이다. 하지만 중요한 것은 구조적으로 아뢰야식에 저장된 악의 요소를 정화해 가지 않으면 불도는 참된 의미에서는 완성되지 않는다고 하는 것이다.

그것이 가능하게 되는 것은 실로 제6의식의 작용에 의해서이다. 물론 여기에 조건도 필요하게 된다. 부처를 만난다든가, 선한 벗을 만난다든가, 우연히 불교 책을 손에 넣는 것과 같은 조건이다. 무엇보다도 그러한 조건을 만날 수 있는 것도 구하려는 뜻이 있어야 가능할 것이다. 어떤 경우에는 나와 반대쪽에서 나타나는 경우도 있다. 본래 구하고자 하는 마음 자체는 부처님 측에서 재촉한 것인지도 모른다.

하여튼 무의식의 세계[의식 아래의 세계]는 우리들이 직접 제어하는 것은 당연히 불가능하지만, 그러나 의식은 자유이기 때문에 마음먹기에 따라 말나식·아뢰야식에 좋은 영향을 줄 수 있으며, 최종적으로 정화하여 지혜로 바뀌어 가는 것이 가능하다고 설하는 것이다.

이렇게 해서 불교는 의식 위와 의식 아래의 교섭·교류에 의해서 한 사람의 인생을 설명해 간다. 인간의 총체를 명료하게 해부하여 이론화한다. 대단히 심원한 사상체계라고 할 수 있을 것이다.

마음에 내재하는 신

그런데 독자는 엔도 슈사쿠(遠藤周作, 1923~1996)라는 가톨릭신자인 소설가를 알고 있으리라 생각한다. 어머니가 만들어 준 양복을 일본식으로 다시 지어 입었다고 자주 말하곤 했다. 즉 그리스도교를 일본인으로서 받아들이는 것을 어떻게 생각하면 좋은가 하는 문제와 관련된다.

태평양 전쟁 이전부터 이후에 걸쳐서 그리스도교와 마르크시즘의 임팩트는 대단한 것이었다. 일본 고래의 전통적 가치관과 그 당시 글로벌한 것으로 보였던 근대서구의 가치관의 상극은 심각한 것이었다. 더구나 그리스도교도 마르크시즘도 절대 유일의 정의나 일원적인 가치를 주장했기 때문에 진지하면 할수록 그것에 더 몰입하게 된다. 슈사쿠 선생은 고리안(狐狸庵) 선생이라고 하여 유머로 시치미를 떼고 있었지만, 뿌리는 한결같이 진지함에 있었다.

현대는 이미 어떠한 일원적 가치도 붕괴하고, 다원적으로 확산된 세계가 되었기 때문에 그다지 심각한 상극은 없는 것 같다. 하지만 한편으로 경제적인 세계화, 즉 일원적 가치의 지배가 진행되고, 여러 지역의 다원적인 가치관이 침식되어가는 것에 훨씬 심각한 근심을 느끼는 사람도 적지 않다. 지금은 보편적인 가치로 고유의 가치를 억압하는 것이 아니라 고유의 가치를 보편적인 것으로 만들어 가는 것이 요망되는 시대이다.

그 고리안 선생은 이렇게 말한다. 현대 문학의 주제는 무의식의 세계를 묘사하는 것이라고. 역시 근대의 합리주의가 천박한 의식의 세계에 시종일관하고 있었던 것에 대한 반역일 것이다. 인간 전체성의 회복에로의 호소라고 해도 좋을지 모른다. 게다가 옛날의 서양에서는 무의식의 세계는 죄의 온상이라고 생각했었다. 단지 말할 수 없이 음산한 세계로 밖에 보이지 않았다. 그러나 현대 문학의 주제는 렘브란트의 회화와 같이 암흑과도 같은 어두운 세계에 아련하게 빛이 스며드는 듯한 세계, 즉 죄와 구원이 표리관계로 되고 있는 세계가 무의식의 세계라고 이해되었던 것이다. 이것은 신을 인간의 밖에 초월적으로 존재하는 것으로 보는 것이 아니라 안으로 내재적으로 보는 입장인 것이기도 하다. 신은 지금에 이르러서 겨우 마음속에서 보게 되기에 이른 것이다.

이 입장은 칼 융이 말한 것과 서로 통한다. 칼 융은 인간의 발달을 개성화라 칭했다. 그것은 억압되어 무의식으로 된 마음을 회복하고 인간으로서의 전체성을 회복해 가는 과정이다. 게다가 그 마음의 전체성이야말로 신이라 한다. 유명한 심리학자인 에릭슨(Erikson, 1902-1994)도 같은 것을 말하고 있다.

제9식 – 여래장사상

불교에서 그러한 의식 아래의 풍요로운 세계를 설하는 융의 사상에 가까운 것은 실은 유식사상이라기 보다도 여래장사상일 것이다. 소위 유식사상에서는 마음의 깊숙한 심연에 제8식밖에 세우지 않는다. 그러나 여래장 사상에서는 그보다도 더욱 깊이 제9식을 제시한다. 그것은 아마라식(阿摩羅識)이라고 한다. 무구식(無垢識)이라고 번역되는 것이다. 그것은 자성청정심(自性淸淨心)이라고도 말해지는 것이며 부처의 마음 그것이라고도 한다. 유식사상에서는 아뢰야식에서 종결되지만, 여래장 사상에서는 부처의 마음이 범부인 인간의 마음 깊숙한 심연 속에 실로 존재한다는 것을 설하고 있다.

이 마음의 심오한 근저에 본래 존재하고 있는 부처의 마음을 불성(佛性)이라고도 한다. 『열반경』에서 말하는 '일체중생, 실유불성'이라는 구절은 대승불교에서 인간을 보는 방식을 대표하는 하나의 구절이다. 그것은 모든 인간[실제로는 중생]에게는 불성이 있는 것이다. 불도란 그 불성을 닦는 길이라고 말하고 있다.

그것이 여래장이라고 말해지는 것은 [본래 장에 해당하는 원어인 가르바(garbha)는 모태·태아라는 의미이지만] 사람은 여래를 장으로 한다고 볼 수 있기 때문이다. 여래장사상을 받드는 학파는 인도에서 특별히 형성되었던 것은 아닌 것 같지만, 이 사상도 확실하게 인도에 존재하고 있었고, 중국이나 일본에는 대단히 큰 영향을 준 것은 사실이다.

이 여래장이 함의하는 바는 인도 성립의 여래장 논서로서 유일하다고 말해도 좋은 『보성론(寶性論)』에 의하면, 다음의 세 가지 뜻으로 볼 수 있다.

여기서 '유구진여(有垢眞如)'에 관해서 [경전 중에]
"일체중생은 여래장이다. [여래가 태에 깃든다]"(줄임)
라고 설한다. 그것은 어떠한 의미에 의한 것인가?
[이 물음에 답해야 한다. 여기에 다음과 같은 게송을 설한다.]

중생의 모임에는 불지(佛智)가 들어 있기 때문에

그 [중생의 모임이] 무구인 것이 본래 [불과] 불이(不二)이기 때문에

불의 종성(種姓)에서 그 과[=불]를 상정하기 때문에

모든 유신자(有身者, 중생)는 불을 태속에 품는다고 [부처님에 의해서] 설해

졌다.

[이 게송에 의해서 무엇이 제시되고 있는 것인가]

(중략)

요약하면 3종의 뜻에 의해서 세존은 일체중생은 항상 여래를 태속
에 품는다고 말씀하셨다. 즉 일체중생은

(1) 여래의 법신이 편만해 있다는 뜻에 의해서

(2) 여래의 진여가 무차별이라는 뜻에 의해서

(3) 여래의 종성이 존재한다는 뜻에 의해서

이다. (高崎直道『寶性論』インド古典叢書, 講談社 1989年, 44~45項)

이것을 다카사키(高崎)는 계속해서 다음과 같이 해설한다.

(1) 모든 중생은 여래의 태아들이다. '법신'이 널리 편재해 있기 때문
에 한 사람의 중생으로서 법신의 밖으로 나온 것이 아니다. 이것
은 형체가 있는 것이 모두 허공계에 있는 것과 같은 것이다.

(2) 모든 중생은 여래를 태 안에 지닌다. 이것은 '진여'의 무차별성에

의한다. 여기서 말하는 여래는 진여의 의미이며 진여는 중생에게도 평등·무차별이다. 다만 여래란 그 진여가 청정하게 된 경우에 그것을 여래라 부른다.

(3) 모든 중생은 여래가 되는 원인을 지닌다. 이것은 여래의 종성이 있는 것이라고 설명된다. garbha=gotra=dhātu=hetu. 따라서 모든 중생은 여래장을 지닌다고 이해할 수 있다. (前揭書, 解說, 405~406項).

본각이라는 말

이 가운데 여래장이든 불성이든 그것들이 성불의 원인이 된다[종성의 뜻]는 것은 어떻게 받아들여야 할까. 이 문제를 연기의 관점에서 볼 때 성불 즉 지혜의 성취라는 것은 어떠한 연기에서 실현되는 것일까.

결과가 지혜라면 원인은 지혜의 원인 그것이 아니면 안 된다. 만약 우리들이 수행만 하면 깨닫는 것이 가능하다면, 우리들은 무엇인가 그 깨달음인 지혜의 원인을 본래 지니고 있다고 말하지 않으면 안 될 것이다. 나무가 타는 것은 나무에 타는 성질[타는 요인]이 있고, 불이라는 조건이 있어, 처음으로 결과로서 탄다는 것이 있을 수 있다. 마찬가지로 인간에게 무엇인가 지혜의 요인이 있고, 게다가 다양한 조건을 만나는 것에 의해 실제로 지혜는 성취되는 것이 된다. 그렇다면 그 지혜의 원인이라고 하는 것은 어떠한 것일까? 하여튼 그것은 적어도 지혜를 본질로 하는 것이 아니면 안 될 것이다.

그런데 그 지혜는 깨달아 보면 적어도 무분별지에서는 시공을 초월한 세계와 같은 것이며, 이 때 이것을 굳이 언어로 표현하려고 한다면, 본래 깨달음의 지혜로서 작용하고 있었던 세계와 같다고 표현할 수밖에 없을 것이다. 그러할 때 그 지혜의 원인은 원래 지혜 그것이었다고 하는 것이 된다. 이렇게 해서 실은 인간은 본래 깨달은 것이라고 하는 표현방식이 생기게 된다. 그것을 단적으로 표현한 것이 본각(本覺)이라는 유명한 말이다.

이 본각이라는 말은 원래 『대승기신론』에 나오는 말이다. 오늘날 젊은 사람들은 『대승기신론』이라고 말해도 그것이 무엇인지 모르겠지만, 옛날에는 많은 사람들에게 읽혀졌던 유명한 책이었다. 실은 대승불교의 사고방식을 간결하게 정리한 책은 그렇게 많지가 않다. 그런 의미에서 『대승기신론』은 귀중한 책이라 할 수 있다. 이 책이 인도에서 생긴 것인지 아니면 중국에서 생긴 것인지 오늘날에도 여전히 결론을 도출하기 어렵지만, 인도 이래의 유식사상, 여래장사상, 중관사상을 총합한 흥미진진한 책임에는 틀림없다.

이 『대승기신론』에 "본각의 뜻은 시각(始覺)의 뜻에 상대해서 설한다. 시각은 곧 본각과 같은 것이 된다."라고 한다. 깨달음의 체험을 얻었을 때 당연 시공을 초월한 세계와 일여(一如)가 된다. 거기에서 언어체계의 세계로 나왔을 때 깨달음의 세계는 본래 있었던 것이라고 이와 같이 언표하지 않을 수 없는 것이다. 물론 이 본각은 무엇인가 실체적 존재라고 할 수는 없을 것이다. 그렇게 되면 같은 시각도 실체라고 하는 것이 되어 버린다. 시각이 지혜로서의 작용이라면 본각도 작용 그것인 것은 말할 것도 없다.

물론 여래장이나 앞의 불성도 본각과 다른 것이 아니다. 이때 그것은 지혜 그것[이지불이(理智不二)의 진여(眞如)]임을 생각해야만 한다.

진여문과 생멸문

이상 우리들 마음의 근저에는 부처의 깨달음의 지혜가 존재한다고 하는 것도 불교에서 설해지고 있음을 소개했다. 불교는 의식의 아래에 말나식·아뢰야식를 설하고, 나아가 본각도 언급하고 있다. 이들 사상은 이성에 의한 규명뿐만 아니라 신심일여(身心一如)의 삼매행의 실천에서 천착된 자각을 표현한 것이다. 서양의 합리적 사유가 배제한 신체성도 충분히 받아들인 사색의 결과인 것이다. 그 고대적 사유야말로 지금이나 현대의 앞선 단계를 선구적으로 달리고 있음을 독자 여러분도 느낄 것이다.

그렇지만 무엇보다도 『대승기신론』은 본각을 궁극의 근본이라 설하고 있는 것만이 아니라는 것도 여기서 주의해야 한다. 『대승기신론』은 일심(一心)에 진여문(眞如門)과 생멸문(生滅門)의 2문을 세우지만, 본각이라는 것은 '생멸문'에서 설해지는 것이다. 그렇다면 본각이라는 것도 깨달음의 세계나 미혹한 세계를 언어로 표현하려고 한 세계에 있고, 하나의 설명의 세계 속에 존재하고 있는 것이다. 시각이 본각과 같다고 해도 그 깨달음의 세계는 오히려 생멸문에 대한 진여문에서만 실현할 수 있는 것이다. 그것은 소위 팔불(불생·불멸·불상·부단·불일·불이·불래·불출)과 같이 제시되며, 나아가 의언진여에 대한 이언진여에 의해서 겨우 간신히 말해진다. 여기에서 보면 본각이라는 것도 임시적인 표현임을 충분히 알아야만 할 것이다.

또한 『대승기신론』은 이 2문은 중생심(衆生心)이라는 일심의 두 측면이라고 한다. 우리들이 알고 있는 일상의 극히 보통의 자기 자신의 마음[일심]에 실은 본각이나 나아가 이언진여까지를 규명하고 있는 것이다. 지금까지 마음의 근저라고 말했다 해도, 그 마음이란 진실을 말하면 실로 이 일상의 한 순간의 마음을 드러낸 것이라 할 수 있다.

마음 속의 '십계호구'

그러면 더 나아가 마음의 근저를 살펴보자. 인간의 마음속에는 불성 이외에 그 어떤 것도 존재하지 않는 것일까. 이것에 관해서 여기서 약간 흥미 깊은 사상을 소개해 보자. 그것은 실은 천태사상(天台思想)에서 설해진 것이다. 천태사상이란 중국의 천태산에 머물렀던 지의(智顗, 538~597)라는 사상가가 구마라집역 『법화경』을 근거로 독창적인 철학을 전개한 것이다. 일본의 사이쵸(最澄, 767~822)는 이 지의의 사상을 배우고 더욱 이것을 발전시켰다. 말할 필요 없이 히에이잔(比叡山)은 일본 천태종의 중심지이다.

그 천태지의의 중요한 사상의 하나로 십계호구(十界互具)라는 것이 있다. 십계라는 것은 지옥·아귀·축생·수라·인간·천상·성문·연각·보살·부처라고 하는 열 개의 세계인 것이다. 이 열 개의 세계는 서로의 세계를 각각 포함하고 있다고 하는 것이 십계호구이다. 가령 인간계에는 지옥계도 있고 부처의 세계도 있다. 지옥계에도 인간계와 천상계, 그리고 부처의 세계도 있다. 부처의 세계에는 인간계와 지옥계가 실로 존재한다. 그러한 사상이다.

여기서 상호 갖추고 있는 사태는 실은 그들 세계에 머무는 각각의 생물의 마음을 염두에 둔 것이다. 거기에 십계호구를 기본으로 하여 나아가 일념삼천(一念三千)이라는 것을 설하고, 이 일념삼천의 사상이야말로 천태종의 최고의 가르침으로 간주되기 때문이다.

일념이라는 것은 인간이라면 인간의 한 순간의 마음이다. 어떤 사람의 한 순간의 마음이다. 거기에 십계호구[즉 백계]의 전체, 그것도 삼천(三千)으로 전개해야 할 모든 세계가 갖추어져 있다고 한다. 지금은 삼천 전체를 다룰 수는 없지만, 인간의 마음에는 지옥에서 부처까지의 마음 모두가 갖추어져 있는 것이 된다. 이 경우 불성도 있지만 지옥성[지옥의 요인]도 있으며 혹은 부처도 있고 지옥의 주인도 있다. 그렇다면 자기 자신의 마음속에는 부처도 대보살도 있다고 하는 것이 된다. 그것도 게다가 다수의 부처들과 대보살들이라는 것이 될 것이다. 동시에 지옥이나 아귀 등의 존재도 있지만, 불교를 염두에 둔다면 마음속에 존재하는 현재의 자기 자신 이상의 존재를 이끌어내고 발휘시키는 것이 가능할 것이다. 니치렌(日蓮, 1222-1282)은 그들 존자들의 이름들을 나무묘법연화경(南無妙法蓮華經) 주변에 배치시킨 그림을 나타내 만다라로 삼았다. 이것은 자기 마음에 갖추어져 있는 존재들을 표현한 것이다.

한편 이름의 문자가 아니라 바로 각각의 신상을 그림으로 표현한 것이 밀교의 금강계·태장계의 만다라 그림이다. 밀교라는 것은 인도에서 7세기경에 일어난 새로운 불교이며, 대승불교의 이상을 계승

하면서 수행방법 등에서 독자의 설을 주장한다. 일본의 구카이(空海, 774~835)는 당의 장안에서 이것을 배우고, 일본에 귀국하여 나아가 독자의 사상체계를 창조했다. 구카이의 밀교는 진언종(眞言宗)이라고 말해진다. 천태종의 사이쵸도 밀교를 받아들여 히에이잔에서는 천태의 밀교 즉 태밀(台密)이 전개된다. 이것에 대해서 구카이의 진언종은 동밀(東密)이라 불린다.

하여튼 진언종 등에서 사용하는 만다라를 본 적이 있는 독자도 많을 것이다. 이것은 문장으로 설명하는 것보다 그림 그 자체를 보는 편이 좋을 것이다. (아래의 사진과 같다.) 그 가운데 어느 것도 제일 중앙의 핵심에 대일여래가 있고 그 주위에 네 분의 부처 등 게다가 그 권속 등이 기학적으로 배치된다. 다만 금강계만다라(金剛界曼茶羅)와 태

금강계만다라

태장계만다라

장계만다라(胎藏界曼茶羅)에서 배치의 모습이나 순서는 차이가 있다. 물론 거기에 다른 의미도 있다. 일반적으로 금강계는 지혜를, 태장계는 자비를 표현한다고 말해진다. 이 양면이 인간의 마음 즉 자기의 마음속에 갖추어져 있다는 것이 진언밀교의 주장인 것이다. 그것은

남성원리와 여성원리의 양성 모두를 갖추고 있다는 것을 의미할 것이다.

하여튼 만다라에서는 즉 모든 타자를 자기 마음속에 포함하고 있다는 것이다. 그들 부처들, 존자들이 자기 마음속에 작용하고 있고, 자기라는 하나의 목숨을 유지시키고 있는 것이다.

만다라와 마음의 통합

그런데 마음을 천착해 가면 그와 같은 세계가 출현한다는 것을 불교도는 알고 있었다. 렘브란트 그림의 빛보다도 더욱 더 큰 공간, 우주 그것이 거기에 있다. 또한 이 만다라에 관해서도 저 융은 빈번하게 관심을 보였다.

융은 정신장애를 가진 환자가 심리적인 위기에 빠질 때, 불가사의하다고 하는 공통의 요소를 가진 그림을 그리는 것에 주목했다. 그것은 마치 만다라와 같아서, 점점 더 융은 만다라 그 자체의 연구로 나아갔다. 이윽고 융은 만다라 모양이 심리적 위기에 빠진 환자의 마음을 통합하는 큰 힘을 지니고 있는 것을 자각했다. 저 구심적 혹은 원심적인 그림 안에는 그와 같이 마음을 정리하고 조정해 가는 힘이 있는 것 같다. 융은 만다라 모양의 요소로서 다음과 같은 것을 거론한다.

1. 원 내지 구, 또는 달걀 형태.

2. 원의 형태는 꽃(장미, 수련 – 산스크리트어로는 빠드마) 혹은 바퀴로서 묘사
   된다.

3. 중심은 태양·별·십자 모양으로 표현되며, 대부분은 4가닥, 8가닥
   내지 12가닥의 광선을 나툰다.

4. 원·구·십자 모양은 자주 회전하고 있는 것(卍)으로서 묘사된다.

   (생략)

6. 사각과 원의 조합, 즉 사각 속의 원, 또는 그 반대.(생략)

(C·G·ユング著, 林道義譯『個性化とマンダラ』みすず書房, 1991年, 185項)

이와 같은 만다라 모양은 불교에만 있는 것이 아니다. 오히려 도처에 존재하는 것 같다. 그리스도교나 이슬람, 혹은 민간종교 등에도 있다. 그러나 밀교의 양계[금강계·태장계] 만다라만큼 치밀하며 아름다운 것은 없을 것이다. 그 엣센스를 추상적으로 표현한 것이 마에다 죠사쿠(前田常作, 1926~2007) 선생의 그림으로 만다라는 현대 아트에도 통한다. 그러한 이유로 만다라는 현대의 하나의 유력한 주제가 된다.

이렇게 해서 보면, 자기 마음의 근저로 향해 여행하고 싶다는 기분이 들지도 모른다. 산과 들을 두루 건너 금광을 발견해 그 금을 파고 정련한다. 이것을 마음의 세계에서 담당해 간다. 수행이란 그러한 것인지도 모른다.

화엄십중유식의 심오한 뜻

또 하나 흥미진진한 마음의 해석이 있다. 그것은 화엄의 십중유식(十重唯識)의 설이다. 여기서 화엄이라는 것은 중국 당나라 시대『화엄경』에 근거하여 체계적인 철학사상을 정리한 화엄종의 사상을 가리켜 말하는 것이다. 화엄종의 사상은 지엄(智儼, 602~668)이 창조하고 그 제자 현수대사(賢首大師) 법장(法藏, 643~712)이 그것들을 정리하고 체계화하여 완성시켰다. 법장의 저작에는『화엄경탐현기(華嚴經探玄記)』나『화엄오교장(華嚴五敎章)』등이 있다.

이 화엄사상 가운데 10중유식의 설이 있는 것이다. 이것은 유식이라는 것을 줄곧 천착해 들어가 궁극적으로는 화엄이 설한 사사무애법계(事事無碍法界) 그것이 마음에 다름 아니라고 제시한 것이다. 결론을 말하면 참된 마음은 이 현실세계 그 자체 이외에는 없다는 것이다. 놀랄만한 멋진 역설이 아닌가. 이것은『화엄경』십지품의 제6현전지에 나오는 '삼계허망(三界虛妄), 단시심작(但是心作)'이라는 구절에 관해서 이 마음[일심. 유심]이란 무엇인가를 법장이『화엄경탐현기』에서 설명하는 곳에 나온다(『大正新修大藏經』35卷, 34項 以下 參照). 지금은 그 명칭만 간단히 들어보면 다음과 같다. 또한 그 내용도 극히 간단하게 첨부해 두고자 한다. 또한 식은 자신 안에 대상의 형상을 가진 것이며, 그 식 안의 대상의 측면을 상분, 주관의 측면을 견분이라 부르는 것은 61쪽에 기술해 두었다.

1. 상견구존유식(相見俱存唯識, 식의 상분과 견분만이 있는 것으로 세계를 설명)

2. 섭상귀견유식(攝相歸見唯識, 그 상분을 견분[식체]으로 돌아가서 세계를 설명)

3. 섭수귀왕유식(攝數歸王唯識, 수는 심소유법, 심소를 심왕에 귀속하여 세계를 설명)

4. 이말귀본유식(以末歸本唯識, 칠전식을 아뢰야식에 귀속하여 세계를 설명)

5. 섭상귀성유식(攝相歸性唯識, 현상으로서의 아뢰야식을 그 본성[진여·법성]에 귀속하여 세계를 설명)

6. 전진성사유식(轉眞成事唯識, 진여·법성이 자기의 본성을 고수하지 않고 현상으로 바꾸는 곳에서 세계를 설명)

7. 이사구융유식(理事俱融唯識, 현상계가 그 본성과 융합하고 있는 곳에서 세계를 설명)

8. 융사상입유식(融事相入唯識, 현상들끼리 작용[용]에서 융합하고 있는 곳에서 세계를 설명)

9. 전사상즉유식(全事相卽唯識, 현상들끼리 존재[체]에서 융합하고 있는 곳에서 세계를 설명)

10. 제망무애유식(帝網無碍唯識, 현상들끼리 체·용 그 어느 것도 중중무진으로 융합하고 있는 곳에서 세계를 설명)

이 10중유식의 요점은, 사물[감각]의 세계[색·성·향·미·촉의 오감] 등도 자신 속에 묘사한 것과 같은 그 감각 지각 등등의 마음을 어디까지나 천착해 가면, 그 현상으로서의 마음의 본성인 진여에까지 도달한다. 게다가 그 진여란 공성 그것이기 때문에 오히려 스스로를 부정하여 현상세계를 성립시키고 있음을 보게 된다. 이것을 화엄에서는 '진여수연(眞如隨緣, 진여는 인연에 따르며), 불수자성(不守自性, 자성을 고수하지 않는다)'이라고 한다. 저 『반야심경』의 색즉시공에서 곧 공즉시색으로 읽는 것을 깊게 통찰해가는 바가 이 화엄십중유식의 심오한 뜻의 요체라 할 수 있다.

저 '공즉시색'을 화엄사상으로 표현하면, 이사무애법계(理事無碍法界)라 할 수 있다. 공[공성]은 진여법성의 의미도 있지만, 그것을 이[理, 이성]라고 한다. 물론 색은 오온[색·수·상·행·식]의 대표로서 사[사상(事象)]를 의미한다. 그렇기 때문에 공즉시색은 이사무애법계에 다름 아닌 것이다.

여기서부터 뒤에는 필연적으로 사상과 사상이 융합한다고 하는 사사무애법계로 전개해 가는 것이다. 제7의 이사구융유식 이후의 제8·제9·제10의 유식에서 그 사사무애법계가 분명해 진다.

자기를 부정하여 진여법성이 되면 저절로 현실세계에 되살아난다는 것은. 가령 정토교[특히 진종]에서, 정토로 가는 것[왕상(往相)]이 이제는 사바세계로 돌아가는 것[환상(還相)]이라고 설하는 것과 유사한 것이라 생각된다. 왕상과 환상의 쌍방이 있어야만 비로소 정토교의 구제[자기실현]도 완성되지만, 이 때 환상이란 정토를 어딘가에 남겨두고 이 사바세계로 돌아온다고 하는 것은 아니다.

원래 정토왕생이란 실은 불생이며, 그 태어나지 않는 곳에 정토가 있다고도 말해진다. 담란(曇鸞, 476-542)은 실로 그렇게 설한 것이다. 불생이라고 하는 것은 진여법성과 일여(一如)한 곳이다. 그러면 저절로 이 세계에서 활동하기 시작한다. 거기에 환상이 있다. 그렇기 때문에 환상이란 지금 여기서 정토에 머물면서 그것을 타자가 알게끔 해가는 것이 아닐까.

그런 까닭으로 사사무애법계란 이사무애법계를 경유하고 있기 때문에 이 세계가 그대로 정토로서 열려진 세계이다. 그것 이외에 필경 가야할 정토는 없다고 할 수 있다.

이 십중유식의 설에서 분명한 것은 마음이라는 것은 궁극적으로는 이 현실세계 그것이라고 하는 것이다.

사람은 보통 마음이라고 하면 사물에 대한 마음이라는 것을 상정할 것이다. 거기서는 사물과 나란히 마음을 대상화하고 있는 것이며, 그것을 아는 마음, 주관 그것으로서의 마음, 진짜 자기 그것에 관해서는 결국 은폐되어 버린다. 그러한 방식으로는 참된 자기를 영원히 볼 수 없고, 자각할 수 없다.

그렇지만 불교는 그러한 대상논리적인 인식을 벗어나 마음 그것을 자각하고, 나아가 그 마음의 본성을 깊게 파고 들어가, 결국에는 현실세계에까지 도달해 버리는 것이다. 그것은 역시 마음에 대한 사물의 세계가 아니라 자기가 무한한 관계성 속에 포함되며, 게다가 그 세계 전체가 완전히 자기인 것과 같은 그러한 세계로서 현전하는 것이다. 실로 웅대한 광경이다.

구카이의 십주심 사상

아마도 이러한 교설을 근거로 하여 독자적으로 마음의 심오함을 역시 10단계로 정리하여 제기한 것이 일본의 홍법대사(弘法大師) 구카이(空海)였다. 그것이 '십주심(十住心)'이라는 사상이다. 여기에도 실로 스케일이 장대한 세계관이 있다. 구카이는 마음을 다음과 같은 십주심으로서 제시한다. 역시 그 명칭과 간단한 설명만을 들어보자.

제1 이생저양심(異生羝羊心, 범부의 숫양과 같은 마음)

범부의 본능 그대로의 마음, 식욕과 성욕밖에 생각하지 않는다.

제2 우동지재심(愚童持齋心, 어리석은 소년이 자기를 삼가 반성하는 마음, 유교)

무엇인가의 외적 조건에 의해 인간적으로 살아가려고 하는 마음
이 싹튼다.

제3 영동무외심(嬰童無畏心, 갓난아기가 엄마의 보호 아래 편안한 마음, 바라문교)

인생은 이 세계뿐만 아니라 저 세계도 있다는 것을 알고서 선근
을 심는데 노력한다.

제4 유온무아심(唯蘊無我心, 오온=물질적 정신적 요소들=법들만이 존재하며, 아는 없
다고 아는 마음. 성문승)

다만 세계를 구성하는 요소(다르마)는 존재하지만 상주하는 아는
없다고 알고서 아집을 여읜다.

제5 발업인종심(拔業因種心, 업을 낳는 근본인 무명을 제거한 마음, 연각승)

12연기설을 관찰하고 미혹의 근본인 무명을 끊고서 열반으로 들어간
다.

제6 타연대승심(他緣大乘心, 타자에 관한 대승의 마음, 법상종)

모든 타자를 구제하고 싶다는 마음이 일어나고 유식을 이해하여
아와 법을 여읜다.

제7 각심불생심(覺心不生心, 마음의 불생을 깨닫는 마음, 삼론종)

모든 언어와 분별을 부정하고서 불생과 무상의 세계로 들어간
다.

제8 여실일도심(如實一道心, 여실한 한 길을 증득하는 마음, 천태종)

그 절대 부정의 세계는 근원적 주체가 작용하는 절대긍정의 세
계라고 자각한다.

제9 극무자성심(極無自性心, 궁극이라고 생각되는 진여도 또한 무자성임을 요해하는
마음, 화엄종)

절대 긍정의 세계도 초월하여 중중무진의 연기를 이루는 현상세
계로 들어간다.

　제10 비밀장엄심(秘密莊嚴心, 밀교만이 실현하는 모든 공덕으로 장식된 마음, 진언종)

　밀교의 수법에 의해, 마음에 본래 갖춘 모든 공덕이 실현된다.

　이상이 십주심의 개요이지만, 구카이가 진언밀교를 무엇보다도 높
게 평가한 것은 말할 것도 없다. 거기에 이르는 과정에서 제7주심에
서 절대 부정으로 몰입하고 제8주심에서 그것이 그대로 절대 긍정의
세계라고 읽을 수 있다. 선종에서도 '대사일번, 절후소식'(大死一番, 絕後
蘇息 : 크게 한 번 죽어야 영원한 생명으로 다시 태어난다)이라 한다. 깊게 선정에
들어가 마음을 완전히 통일한 뒤 앉는 방석에서 죽는다고 말한다. 그
러면 불가사의하게도 홀연히 호흡을 되돌린다고 하는 것이다. 구카
이는 게다가 거기에 머물지 않고 더욱 화엄[제9주심]을 통과하지 않으
면 안 된다고 한다. 그 의미에서는 화엄사상도 구카이에게는 극히 중
요했을 것이다. 나아가 그 위에 밀교가 있는 것이다.

마음 근저의 진실

　그 밀교의 궁극은 실은 자기의 마음에 모든 타자가 살아있다고 하
는 것이다. 그 증거로 구카이의 주저 『비밀만다라십주심론(秘密曼茶羅
十住心論)』의, 제10주심의 서두의 구절을 들어보자.

비밀장엄주심이란, 즉 이것은 구경에 이르러 자기 마음의 근저를 깨닫고, 여실하게 자신의 수량(數量)을 깨닫는다. 소위 태장해회(胎藏海會)의 만다라와 금강계회(金剛界會)의 만다라와 금강정십팔회(金剛頂十八會)의 만다라가 이것이다. 이와 같은 만다라에 각각 4종 만다라·사지인(四智印) 등이 있다. 4종이라 하면, 마하·삼매야·달마·갈마가 이것이다. 이와 같은 4종 만다라, 그 수는 헤아릴 수 없다. 찰진(刹塵)으로도 비유할 수 없고, 물방울도 어찌 비교하랴(『弘法大師全集』第1輯, 密教文化研究所, 1978年, 397項)

마땅히 저 그림에서 제시된 만다라 세계 그것이 마음의 근저의 진실이라고 말한다. 역시 마음을 깊게 파고 들어가서 이 현실세계의 한복판으로 나오고 있는 것이다. 혹은 화엄의 사사무애법계를 개개의 인격 속에서 되살리는 것이라 할 수 있다. 소위 화엄의 세계관을 더욱 입체화하는 것으로 평가할 수 있다. 실제 구카이는 교토의 동사(東寺)에서 부처들과 존자들의 입체만다라를 설치한다.

하여튼 이 현실세계 존재의 하나하나가 마음이며, 나아가 부처의 생명 그것이라 설한 것이 불교라 할 수 있다. 그 분명한 자각을 신속하게 실현하게 하는 것[즉신성불]이 우리 종의 행법이라고 밀교는 주장한다. 하지만 참으로 이 세계 속에서 쉽게 깨달음을 실현할 수 있는가. 그것은 밀교의 스승들로부터 배울 수밖에 없을 것이다.

이상, 불교의 다양한 마음의 관점을 살펴보았지만, 참으로 다채롭고 심원하며 게다가 뜻밖의 단면을 가지고 있다. 마음의 심오한 세계라는 것에서, 독자는 무의식 세계의 정경(情景)이 해명되는 것을 기대할지 모르지만, 마음의 심오한 근저는 실로 지금 여기의 현실세계 그것이다. 선사는 자주 다음과 같이 말한다.

여산의 안개비와 절강의 물결이여
가보지 못했을 땐 천만가지 한이었는데
가서 보고 돌아오니 별다른 것은 없고
여산의 안개비와 절강의 물결이었네(소동파, 여산연우)

廬山煙雨浙江潮
未到千般恨不消
到得歸來無別事
廬山煙雨浙江潮(蘇東坡, 廬山烟雨)

제4장 자연에 대하여

자기와 환경의 철학

🪷 제4장 자연에 대하여 🪷
자기와 환경의 철학

환경문제 해결의 길

불교에서 깊은 마음의 세계를 추구해 가니 오히려 현실세계 그곳
으로 나와 버렸다. 그곳은 밀교의 입장에서는 타자와의 교향(交響)적
인 세계이고, 화엄에서는 사사무애법계로서 자연세계를 포함한 현실
세계 그 자체이기도 하였다. 그래서 지금은 자연 혹은 환경의 문제를
불교에 비추어 생각해보고자 한다.

오늘날 환경이 심각한 위기에 빠져 있다는 것은 다양하게 논의되
고 있다. 가장 빈번하게 보도되는 것은 온난화인 기후변화의 문제일
것이다. 온실효과를 일으키는 가스를 어떻게 감소시킬 것인가에 대
한 국제적인 대처문제는 종종 보도되고 있다. 그러나 그 문제만이 아
니라 지구세계에 다양한 문제가 발생하는 것은 말할 필요도 없다.

1989년 가을, 스웨덴의 예테보리에서 개최된 '에콜로지 89대회'에
서 논의 끝에 제기된 '지구적 규모의 환경문제'에는 다음과 같은 많은
의제가 제시되었다. ① 인구증가, ② 생물적 다양성과 그 보전, ③ 기
후변동, ④ 삼림의 감소, ⑤ 유해 폐기물, ⑥ 토양의 노후화, ⑦ 생명
공학(바이오테크놀로지)에 유래하는 위험성, ⑧ 환경을 악화시키는

에너지의 생산, ⑨ 인간의 무지와 변화에 대한 공포, ⑩ 남북의 대립, ⑪ 대립하는 정부의 정책, ⑫ 군사적 불안정과 민주주의의 결여, ⑬ 위험성의 인지, ⑭ 병원체, ⑮ 도시환경, 노동환경, 자원의 소실(小澤德太郎, 「私の環境論」 三, 『サングラハ』 第97號, サングラハ敎育·心理研究所, 2008年 1月).

이러한 문제를 해결하는 길에 대해 필자 나름대로 간단하게 정리해 보면 다음과 같다.

① 과학과 기술의 진전에 의한 해결[에너지 절감과 무공해 기술 등의 발견. 지구 시스템]

② 사회시스템의 변환에 의한 해결[순환형사회로의 이행. 사회시스템]

③ 라이프스타일의 전환에 의한 해결[인간의 욕망의 억제. 행동레벨. 인간시스템]

④ 인간관과 세계관의 확립에 의한 해결[살아있는 목표의 자각. 사상레벨. 문화시스템]

이 가운데 어떤 것이 있으면 좋다고 하는 것이 아니라, 어느 것이나 다 동시에 진행되어야 하는 것이다. 또한 ①부터 ④로 향해감에 따라 단기적 목표에서 중장기적 목표가 되어야 한다.

아마도 자연파괴를 이끌어왔던 장본인인 과학과 기술은 악이고, 인간은 그것을 버리고 고대의 생활로 되돌아가야 한다는 논의는 불가능할 것이다.

문제는 과학과 기술을 어느 방향으로 사용해 갈 것인가이다. 그렇다면 거기에는 확실한 인간관과 세계관이 있지 않으면 안 될 것이다.

혹은 또한 라이프스타일을 전환한다고 할 때, 지구 전체의 자원이 이 정도 밖에 없기 때문에 궁핍한 생활을 참고 견뎌라 라고 하는 방향만으로는 유연한 전환은 바라기 어려울 것이다. 오히려 사람들에게 확실한 인간관과 세계관이 있을 때, 주체적이며 내발적으로 자신의 삶의 방식을 선택해 갈 것이다. 그것은 순환형 사회로의 적극적인 참가를 재촉하거나 혹은 과학과 기술의 방향성에도 지침을 제시해 가는 것이 된다.

그러한 의미에서는 지금의 환경문제의 근저에 철학과 윤리를 확립해 가는 것은 매우 중요한 것이다. 그 중에서도 특히 지속가능성[sustainability; 유지가능성]을 실현하는 라이프스타일을 직접 이끄는 윤리의 확립이 절실하게 요구될 것이다.

그러나 윤리와 도덕을 이끄는 근저에는 원래 인간이라는 어떠한 존재인가, 자기는 어떠한 존재인가 라는 명확한 자각이 요구된다. 자기란 무엇인가 하는 질문에는 자기와 자연의 관계는 어떠한가, 자기와 타자의 관계는 어떠한가와 같은 문제도 당연히 포함되어 있다. 이러한 문제의 명확한 이해가 있다면 어떻게 살 것인가 라는 기반도 확립되는 것이다.

그런 이유로 실은 지금의 환경문제를 기회로 우리들의 라이프스타일의 방향성을 결정해 가기 위해서도 자기와 환경은 어떠한 관계에 있는가를 깊이 자각하는 것이 요구된다. 우리들은 지금 이러한 문맥에서 불교의 인간관과 자연관, 세계관을 탐구해 갈 필요도 있다고 생각한다.

한 사람 한 사람의 팔식

인도 대승불교에는 중관학파와 유가행파의 2대 조류가 있다고 말해지지만, 그 유가행파는 세계를 마음의 현현으로 보는 철학을 전개한 것이었다. 앞에서도 언급한 유식의 철학이다. 우선 여기에서 그 자기와 자연의 관계의 문제 등을 탐구해보자.

유식에서는 8가지의 식을 고찰하고 있다. 안식·이식·비식·설식·신식·의식·말나식·아뢰야식의 8식이다. 안식·이식·비식·설식·신식은 오감이고, 순서대로 색·성·향·미·촉의 상분을 안에 가지고 있다. 의식은 일체의 법을 지각하고, 추리나 판단도 동반한다. 말나식은 의식의 근저에 있으면서 항상적으로 자아에 집착하고 있는 것이다. 그 아래에 거듭 아뢰야식이라는 식이 있다고 한다.

그 아뢰야식이란 저장의 의미이며, 여기에 과거의 일체경험을 종자라는 형태로 보존하고 있다. 이 식은 말하자면 생명의 근간이고, 게다가 생사윤회를 가로질러 상속되어 간다. 다만 그 상속은 찰나멸[찰나마다 생기자마자 소멸하고, 생기자마자 소멸한다]의 방식으로, 더구나 한 순간의 간격도 없이 진행되어 간다고 한다. 찰나멸이라는 것은 물론 아뢰야식만은 아니고 8식[심소유법 등] 모두에게 말해지는 것이다. 게다가 아뢰야식과 아뢰야식 이외의 식[7전식]은 연기의 관계에 있고, 연기에 의해 생기는 것이라면 그 자체로서의 본체를 갖지 않는다. 요컨대 무자성일 뿐, 결국 일체는 공이다.

그런데 예를 들면 본다고 하는 것[시각]은 이 유식의 세계관에 있어서 어떻게 성립되는 것인가. 앞서 설명한 것과 중복되지만, 칸트에서는 전혀 알 수 없는 '사물 자체[물자체]'에 기초하여 감각이 성립한다고 했다. 실은 유식에서는 이 '사물 자체'에 상당하는 것을 아뢰야식의 상분에서 구하는 것이다. 아뢰야식도 식인 이상, 거기에는 상분과 견분이 있는 것이 된다.

그런데 그 상분은 무엇인가 하면, 옛부터 『유가사지론』 등, 유근신(有根身, 오근=감각기관을 지닌 신체)과 기세간(器世間)과 종자(種子)로 되어 있다. 즉, 개체의 신체[유근신]와 물질적인 환경[기세간]과 감각과 지각 등의 활동을 가져오는 인(因)인 종자이다.

그 아뢰야식의 세계는 전체, 불가지(不可知)로 되어 칸트의 물자체와 같이 어떠한 것인가는 전혀 알려지는 것이 아닌 것이지만, 그러한 아뢰야식을 기반으로 하는 팔식 가운데 가령 안식은 이 자기의 아뢰야식 중의 기세간을 안식의 외부의 대상으로 하면서 안식 안에 그 영상을 떠올려 그것을 본다는 구조가 되는 것이다. 따라서 칸트의 물자체에 해당하는 것은 유식에서도 역시 상정되지만, 그러나 유식사상에서는 그것을 외계의 실재라고 보지 않고, 아뢰야식의 상분으로 보는 것이다. 사람 사람마다 유식이며, 한 사람 한 사람이 8식이며, 아뢰야식은 중생의 수만큼 존재할 것이다. 그것은 외계의 실재와 같이 객관적일 수가 있는가가 의문일 것이라고 생각한다. 상세한 것은 생략하지만 유식사상에서는 인간계에 태어난 자의 기세간은 서로 공통하는 것으로 되어 있다고 설한다.

이상의 내용을 도표로 나타내면 다음과 같다.

	자기 식 안의 대상	자기 식 안의 대상의 근거 (자기 식 외의 대상)
안식	색	기세간
이식	성	성
비식	향	향
설식	미	미
신식	촉	촉
의식	법	일체법
말라식	나의 영상(影像)	아뢰야식의 견분
아뢰야식	오근, 기세간, 종자	(없음)

환경도 자기이다

이와 같이 유식사상에서는 한 사람 한 사람이 8식이며, 그 한 사람 한 사람의 아뢰야식 속에 신체와 환경이 유지된다고 말한다. 이것은 선뜻 이해하기 어려운 것일 것이다. 우리들은 보통 의심하지 않고 자기는 신체와 거기에서 발생하는 마음이라고 생각하기 때문이다. 그러나 유식사상에서는 앞에서 말한 것처럼 우선 어떤 마음[식]이 있어서 그 안에 신체와 환경이 유지되어 있고, 그 다음에 보거나 듣거나하여 환경에로의 작용이 행해진다고 한다. 그런데 그 총체가 일개 인간, 자기라고 하는 것이다.

생각해보면 우리들의 신체는 환경과의 순환과 교류가 없다면 존립할 수 없을 것이다. 우리들의 생명은 결코 혼자 자기의 신체 만에 의해 유지되는 것은 아니다. 식물과 물과 공기를 들이키거나 배출하여 비로소 생명이 유지되기 때문이다. 그렇다면 우리들의 일개 생명, 우리들의 자기는 신체와 환경이 순환하고 교류하는 총체 혹은 신체를 초점으로 주체와 환경이 교류하고 교섭하는 그 총체라고 보아야만 한다. 그렇게 보면 비로소 생명을 구체적으로 파악할 수 있게 될 것이다.

이렇게 개체와 환경을 하나의 조직, 네트워크로서 파악할 때, 세계에는 셀 수 없이 많은 그러한 네트워크가 존재하게 된다. 자연세계는 다만 하나일지도 모른다. 그러나 자기[목숨]는 몸과 마음 그리고 환경의 네트워크라는 관점에서 본다면, 세계에는 말하자면 무수한 네트워크가 있고, 거기에 무수한 환경세계, 자연세계가 있다고 할 수 있다. 이 관점에 선다면 유식사상에서 아뢰야식 안에 기세간이 있다고 말해도 반드시 기이하다고는 할 수 없는 것이 아닐까.

그래서 우리들의 자기[자신]는 신체와 환경이 순환·교류하는 총체, 혹은 신체를 초점으로 주체와 환경이 교류·교섭하는 것의 총체라고 볼 수 있다는 것이 되지만, 그렇다면 환경도 자기 자신에 불과하다는 것이 된다. 자연은 자기를 유지하는 타자가 아니고 자기 그것에 다름 아닌 것이다. 매화도 낙엽도, 바위도 강도, 모든 것은 자기인 것이다. 게다가 환경의 병은 자기의 병이다. 이러한 자연환경도 자기라는 이해에서 환경에 대한 무엇인가 새로운 자세가 생겨나지 않을까.

그와 같이 유식사상에서는 환경도 자기라고 하는 형태로, 우리들의 인간[유기체]과 세계를 기술하고 있다. 그 유식의 사고방식, 특히 사람 사람마다 유식과 한 사람 한 사람의 아뢰야식의 사고방식에는 상식에 의하는 한에서는 어울리지 않을지도 모른다. 그러나 신체는 환경과 순환·교류하여 비로소 생명을 유지하고 있는 것이고, 신체와 환경은 네트워크로 파악되어, 거기에 하나의 개체로서의 생명을 보아야만 한다는 사상과 철학은 지금 다시 재검토할 필요가 있다고 생각된다.

'삼세간 융합의 십신불' – 화엄사상의 불신론

덧붙여서 중중무진의 연기를 설하는 화엄종에서는 부처라는 존재를 보통 삼신(三身, 법신·보신·응신)만이 아니라 십신(十身)으로 묘사하고 있다. 대승불교는 부처라는 존재를 역사상의 석존만으로 보는 것이 아니라 눈에 보이지 않는 영원한 부처와 같은 존재로서 묘사하고 있다. 법신(法身)이라는 것은 공성=법성=진여를 본체로 하고 있는 부처로서, 소위 절대자와 같은 부처이다. 보신(報身)이라는 것은 수행의 과보라는 점에서 본 부처로서, 지혜 그 자체[대원경지(大圓鏡智)·평등성지(平等性智)·묘관찰지(妙觀察智)·성소작지(成所作智)의 사지(四智)]라고 한다. 화신(化身)이라는 것은 그 부처의 지혜가 중생구제를 위해 범부에게 보여 지는 형태로서 모습을 드러낸 것이다. 물론 삼신은 하나이고, 한 사람의 부처의 내용을 정리해 보여주는 것으로서, 어쨌든 일신(一身)만이 독립해 있는 것은 아니다.

대승불교에서는 보통 이 삼신론이 잘 사용되고 있지만, 화엄종에서만 실은 십신설이라는 것을 설한다. 그것은 『화엄경』 『십지품』에 나오는 십신, '중생신(衆生身)·국토신(國土身)·업보신(業報身)·성문신(聲聞身)·벽지불신(辟支佛身)·보살신(菩薩身)·여래신(如來身)·지신(智身)·법신(法

身)·허공신(虛空身)ʼ(大正藏 9, p.565中)』을 내용으로 하는 것이다. 여기서 이 내용을 정리해보면, 자기와 환경과 타자 전체 모두라는 것이 된다. 약간 말이 어려운 것 같지만, 술어적으로는 지정각세간(智正覺世間)·기세간(器世間)·중생세간(衆生世間)의 삼세간이 된다. 지정각세간이란 그 부처의 깨달음의 지혜이다. 기세간이란 그 부처가 머무는 불국토인 정토이다. 그리고 중생세간이란 그 불국토에 머무는 사람들 등이다. 따라서 십신불이라는 것은 이들 전체가 한 사람의 부처의 내용이라는 것이다. 그것을 화엄종에서는 ʻ융삼세간십신구족(融三世間十身具足)의 법신불(法身佛)ʼ이라고도 종종 말해지기도 한다.

여기에는 어떤 한 사람의 부처의 존재는 그와 바꿀 수 없는 개체와 그를 둘러싼 환경과 그 환경에서 타자의 전체라고 보는 방식이 있다. 매우 깊은 파악방식이라고 생각된다. 다만 이것은 무엇도 부처만으로 한정되지 않고, 우리들의 한 개체의 목숨의 실상이기도 하다. 아마도 이러한 사고방식이 말해지는 근저에는 유식사상의 개별적인 파악이 있음에 틀림없다. 어쨌든 불교에서는 환경도 자기라는 것은 이미 움직일 수 없는 사실인 것이다.

천태사상의 초목국토관

다음으로 중국불교의 쌍벽[천태종·화엄종]의 하나이며, 일본에도 큰 영향을 주었던 천태사상 속에 자기와 자연의 관계의 문제를 살펴보자. 이것을 위해 일본에 잘 알려진 ʻ초목국토(草木國土) 실개성불(悉皆成

佛)'이란 말의 배경에 있는 사상을 고찰해 보고자 한다. 우선 이 구절은 무대예술의 일종인 노[능(能)]의 가사에도 종종 인용되고 있기 때문에 오히려 그것들을 통해 민중에 상당한 정도 널리 퍼졌다고 생각된다. 말하자면『흑염영(墨染桜)』,『야(鵺)』등의 20여 개의 가사에, 이 구절 내지 그 사상을 볼 수 있을 정도이다.

이것에 의하면 그 구절은『중음경(中陰經)』에 나온다고 확실히 제시되어 있다. 그러나 실제로는『중음경』에 이 구절은 존재하지 않는다. 그 구절은 도스이(道邃, 1100년대 전반 무렵)의『마하지관론홍결찬의(摩訶止觀論弘決纂義)』라는 책 권1에 나오는 '일불성도(一佛成道), 관견법계(觀見法界), 초목국토(草木國土), 개실성불(皆悉成佛)[출전미상]'이 가장 빠른 것이라고 보여 진다. 다음으로 보지방(寶地房) 쇼신(証眞, 1100년대 후반 무렵)의『지관사기(止觀私記)』에는 '중음경운(中陰經云), 일불성도(一佛成道), 관견법계(觀見法界), 초목국토(草木國土), 개실성불(悉皆成佛), 신장장육(身長丈六), 광명변조(光明遍照), 기불개명(其佛皆名), 묘각여래(妙覺如來)'라고 기술하기 때문에, 이 경우에는 이미 그 구절은 완성되어 있었던 것이다.『중음경』에는 실제로는 없지만, 소위 일부로『중음경』에 있다고 말하여 권위를 부여하고 있었던 것이다. 따라서 이 구절 그것은 실은 일본에서 만들어진 것은 아닌가 여겨진다. 그렇기 때문에 그 사상은 일본적인 사상이라고 생각된다.

이상에서 이 사상은 주로 천태종에서 논의되어 왔음을 알 수 있다. 다만 이미 진언종의 홍법대사 구카이도 이와 같은 사상을 설명하고 있고, 또한 진언종에는 가마쿠라 시기 이후에 이 문제가 천태종의 동향에 영향을 주어 종종 논해져 왔음을 볼 수 있다. 이 계보도 검토되어야 하지만, 여기에서는 우선 천태종의 사상에 초점을 맞추고자 한다.

무엇보다도 헤이안(平安)시대 원정기(院政期)에서 중세에 걸쳐 일본에서도 인간과 자연의 관계에 대하여 매우 깊은 철학적인 논의가 이루어졌지만, 현대인들은 이러한 것을 알 수 없을 것이다. 한편으로는 상당수 서양의 고대와 중세의 철학을 따르고 있는 사람들도 많지만, 우선은 근원을 잊어버리지 않기를 바라는 마음이다.

이 '초목국토, 실개성불' 사상의 연원은 중국의 천태지의(天台智顗, 538-597)의『마하지관』에 나오는 '일색일향무비중도(一色一香無非中道, 한 색깔 하나의 향기가 중도 아닌 것이 없다)'에 있다. 보는 것, 듣는 것 모두가 중도가 아닌 것이 없다는 것이다. 이 말은 이윽고 유정(有情, 식물을 제외한 생물)이 아닌 비정(非情, 식물과 무기물)에도 불성이 있다는 사상을 말하는 것으로서 받아들여지게 되었다. 이후의 형계담연(荊溪湛然, 711-781)은『지관보행전홍결(止觀輔行傳弘決)』권1에서 비정에게도 불성이 있다는 것을 10가지 설로 강조하고 있다.

이러한 중국 천태교학을 배경으로 일본에서는 사이쵸(最澄) 이후에 이 문제가 크게 취급되어 왔다. 엔닌(円仁)과 엔진(円珍), 오대원(五大院)의 안넨(安然)·료겐(良源)·겐신(源信) 등이 이 문제를 논했다고 보여 진다. 여기서 제시한 사람들은 모두 대단한 사상가, 철학자이지만, 이러한 사람들도 요즘 사람들은 아무도 알지 못하는 것 같다. 안타까운 생각이 든다.

천태종의 교학 속에 초목성불을 가장 적극적으로 주장한 책은 자혜대사(慈惠大師) 료겐(良源, 912-985)이 지은 것이라고 전해지는『초목발

심수행성불기(草木發心修行成佛記)』일 것이다. 거기에는 어떠한 초목 자신도 발심·수행·보리·열반하는 것을 강조하고 있다. 단 이 저작은 진정으로 료겐의 것이라고 할 수는 없다. 대체로 천태본각사상의 저작은 후세에 만들어져 료겐이나 겐신에게 가탁한 것이 대부분이다.

'초목국토, 실개성불'의 논리

그렇다면 츄진(忠尋: 1065-1138)이 지었다고 전해지는『한광류취(漢光類聚)』[이것도 후세에 지어졌을 것임이 틀림없지만, 일설에는 1250년경에 지어졌다고 한다]는 어쨌든 그 사상과 논점·해석에 대해서 정리된 것을 보여주고 있다(『天台本覺論』, 日本思想大系 9, 岩波書店, 1973年, 215-217項 参照). 거기에는 "… 초목성불에 7가지의 같지 않은 것이 있다. 첫째는 제불의 관견(觀見), 둘째는 법성의 이치를 갖춤, 셋째는 의정불이(依正不二), 넷째는 당체의 자성(自性), 다섯째는 본래부터 삼신을 갖춤, 여섯째는 법성의 불가사의, 일곱째는 중도를 갖추는 것이다. 중도라는 것은 일념삼천, 초목도 또한 갖추고 있는 까닭에 라고 한다."라고 기술하여, 7가지 이유로 초목성불이라는 것이 말해질 수 있다고 한다.

이하 우선 여기에 나오는 사상을 검토하여 천태종에서 자기와 자연의 관계, 나아가서 자기라는 존재가 어떻게 파악되는가를 깊게 천착해 보고자 한다. 우선은 그 내용을 소개하면 다음과 같다.

하나의 색깔[시각대상], 하나의 향기[후각대상], 결국은 물질적인 하나하나의 존재는 중도가 아닌 것은 없다는 것에 대해서.

앞의 법계에 마음을 두고 그 하나의 마음에 법계가 있다는 것은 중생에 대해서 말한 것이다. 그 하나의 마음에 갖추어진 3천의 각각은 또한 상호 두루 갖추어져 있는 것도 당연히 성립하고 있기 때문에, 하나의 색깔, 하나의 향기의 당체도 또한 마음과 마찬가지로 진실한 지혜로서의 마음을 갖고 있는 것이다. (중략) 색깔과 향기 등의 개개의 현상의 당체도 3천을 갖추고 있는 것이고, 초목도 성불한다는 것은 의심이나 비난할 것만은 아니다.(중략)

질문한다. 천태의 초목성불은 이 '하나의 색깔과 하나의 향기가 중도가 아닌 것은 없다.'라는 문장에서 나온다고 들었다. 그렇다면 그 초목성불에는 다양한 해석이 있는 것은 아닐까?

답한다. 그 상세한 것은 종파의 근본사상에 관한 것이다. 다만 마음을 얻을 뿐이란 초목성불에 7종의 설명이 있는 것이다. 『결부(決附)』[자각대사 찬술이라고 간주되지만 명확하지는 않다]에는 초목성불에 대한 7종의 다른 견해가 있다고 한다. 그것은 첫째 제불의 관견(觀見). 둘째 법성의 이치를 갖춤. 셋째 의정불이(依正不二). 넷째 당체의 자성. 다섯째 본래부터 삼신을 갖춤. 여섯째 법성의 불가사의. 일곱째 중도를 갖추는 것이다. 이 중도란 일념삼천을 초목도 또한 갖추고 있기 때문이다. 이상의 7가지의 견해에 대해서 설명해 보자.

첫째로 제불의 관견(觀見)에 있어서 성불이란 경전에 '어떤 불이 성도를 이루고서 [법계를] 관견한다면, [초목도 국토도] 모두가 성불한다.'라고 기술하는 것에 의한다. 초목 그것은 별도로 성불은 하지 않지만, 제불이 초목을 대상으로 관찰할 때, 그 제불의 지혜로서의 마음에 투영된 초목의 모습은 지혜 그 자체 즉 부처 그 자체인 것이다. 거기에서 잠시 초목성불이라 하는 것이다.

둘째로 [법성의] 이치를 갖추는 것에서만 성불한다는 것은 초목도 또한 법성이라는 모든 존재에게 보편적인 본성[공성이기도 하다] 즉, 이치를 갖추고 있다. 부처는 깨달음의 지혜이지만, 그 본성 그것으로서의 이치는 본래 청정한 본각이어서, 번뇌에 오염되어 있는 것이 아닌 깨달음의 지혜 그것이다. 그 초목이 갖추고 있는 이치[본성]와 일체의 본각에 관하여 그것을 성불이라고 말하는 것이다.

셋째로 의보(依報)로서의 환경과 정보(正報)로서의 개체[몸과 마음]가 불이(不二)인 것에서 성불이라는 것은 제법실상의 하나의 진실을 말하는 『법화경』의 입장에서는 환경[의보]과 개체[정보]는 전적으로 다른 것은 아니다. 완전히 융합되어 있고 상즉하고 있는 일체이다. 석가여래가 성불한 이상 석가여래와 일체인 그 국토도 성불한 것이며, 이것이 초목성불이다. 만약 그렇다면 중생[유정(有情)]은 성불하지만, 비정(非情)은 성불하지 않는다고 말해서는 안 되는 것이다.

넷째로 자기의 본성 그것에서 성불이라는 것은 어떠한 것이라도 그것의 당체는 성불이다. 부처란 깨달음의 지혜이기 때문이다. 국토든 중생이든 오온이든 그 모든 것의 본성은 그 자신 [공성이기 때문에] 상주이며, 번뇌를 떠나있어 그 본질은 변하지 않는다. 그 청정한 것을 부처라고 하는 것이다. 초목성불이라는 것은 초목이 부처라고 할 수 있는 32상 80종호를 실현한다는 것이 아니다. 초목의 뿌리·줄기·가지·잎사귀는 각각 그대로 그 청정한 본성 그것을 성불이라고 할 뿐이다.

다섯째로 본래 부처의 삼신을 갖추고 있는 것에서 성불이라는 것은 그것의 본성은 법신이고, 언어와 분별을 떠나 있다. 그 초목에 밝은 지혜의 덕이 갖추어져 있는 것은 보신을 의미한다. 그 초목이 모습과 색깔을 갖추고 있는 것은 응신에 다름 아니다. 만약 그렇다면 초목은 성불하지 않는다는 것은 방편의 입장의 가르침이고, 미혹한 무명을 띤 집착의 견해이다. 사이쵸(最澄)가 특별히 세우지 않은 삼신이 있고, 깨닫기 전에도 부처라고 말한 것은 이 의미를 해설한 것이다. 『열반경』에 불성과 법신 및 제법의 자성은 인간과 천상[신들]이 만든 것은 아니라고 하지만, 그 삼신의 본분인 불성은 단지 부처와 부처만이 알 수 있는 것이다. 이 부처와 부처만이라는 것도 천태의 불도를 수행하는 원돈행자(圓頓行者)인 것을 말한다. 원돈행자란 그 본래 갖추고 있는 삼신을 여실하게 보기 때문이다.

여섯째로 [법성의] 불가사의라는 것에서 성불이라는 것은 초목의 자성은 언어와 분별이 이르지 않는 것이며, 현상이라고도 말하지 않고 이치라고도 말할 수 없는 것이다. 그 분별을 모두 떠난 본성의 경우를 일러 성불이라고만 한다.

일곱째로 일념삼천에서의 성불이라는 것은 단지 마음이 일체법이고 일체 법은 마음[이 현현해 나온 것]이기 때문에 초목도 삼천을 갖추고, 중생도 삼천을 갖춘다. 수행자의 하나의 마음은 초목이기 때문에 그 마음도 초목을 대상으로 할 수 있는 것이고, 초목은 우리들의 하나의 마음이기 때문에 초목은 대상이 될 수 있는 것이다. 초목도 삼천을 갖추고 있기 때문에 혹은 그것을 대상으로 하는 마음도 성립하고, 그것이 대상으로 하는 것도 성립한다. 만약 초목이 삼천을 갖추고 있지 않다면 그와 같이 초목이 삼천을 갖추고 있는 것 자체를 생각하는 것은 불가능할 것이다. 『열반경』에 만약 마음이 존재하지 않는 대상을 인식한다면, 그것은 칠불(七佛)이 설하는 것이 아니라고 말하는 것과 같다. (생략)

풀도 나무도 그대로 부처다.

이상이 『한광류취』에 보이는 '초목성불, 실개성불'의 논리이다. 약간 어려웠을 지도 모른다. 그러나 몇 번이고 다시 읽는다면 충분히 이해할 것이라고 생각한다. 어쨌든 이상과 같은 논의가 있는 것이고, 이것들을 둘러싼 내용을 정리해 본다면, 자기와 자연의 관계에 관한 다음과 같은 요해가 가능하다고 말할 수 있다.

> ① 자기의 완성 속에 자연의 모습이 포섭된다.(諸佛觀見)
> ② 자연의 하나하나가 자기와 자연을 초월하는 궁극의 생명으로 관철된다.(具法性理)
> ③ 자기의 몸과 마음과 자연은 둘이 아니고, 분리될 수 없다.(依正不二)
> ④ 자연의 하나하나는 그 자체로 절대적인 가치를 갖고 있다.(當體自性)
> ⑤ 자연의 하나하나는 원래부터 영성적 기능을 지니고 있다.(本具三身)
> ⑥ 진정한 자연 및 자기는 언어를 떠나 있다.(法性不思議)
> ⑦ 자연의 하나하나는 다른 모든 존재와 관계하고, 다른 것을 자기로 한다.(具中道)

이 안에서 ④와 ⑥은 자연과 자기와 마음의 관계를 포함하고 있지 않지만, 그 본성에 착안한 것이기 때문에 핵심은 ②로 흡수되어야만 하는 것이다. 그것이 지혜와 불가분일 때 본각사상이 되고, ⑤와 하나가 되어 간다. 이들은 모두 평등한 본성에서 마음과 사물, 자기와 환경이 하나임을 보여주는 것이 된다.

한편, ③과 ⑦은 본성의 지평이 아니고 현상의 지평에서 마음과 사물, 자기와 환경이 둘이 아니고 서로 갖추고 있다고 할 뿐이다. ①은 말하자면 마음[식(識)]에서 상분과 견분이 하나이고 거기에 일체성을 보고 있다.

이렇게 본다면, 진짜로 초목이 성불한다고 보고 있는 설은 실제로는 적다고 할 수 있다. 특히 ④에 있어서 "초목성불이라는 것은 초목이 부처의 증거라고 하는 32상 80종호를 실현한다는 것은 아니다. 초목의 뿌리·줄기·가지·잎사귀는 각각 그대로 그 청정한 본성 그것을 성불이라고 할 뿐이다."라고 한 것은 사실상 특별한 것은 아니다. 결국 '초목국토, 실개성불'이라는 구절의 의미는 초목국토도 성불할 수 있다고 하는 것은 아니고, 아마도 초목국토는 이미 성불해 있는 존재이며, 부처 그 자체라는 것을 의미하는 구절로 받아들여야 할 것이다.

풀도 나무도 그대로 부처이다. 산도 강도 그대로 부처이다. 이러한 사상인 것이다. 그것은 이상하다고 생각할 수도 있지만, 천태의 지관수행 속에 통찰로서 이것이 말해지는 것으로 우리들은 겸허하게 그 의미하는 바를 이해하도록 노력할 필요가 있다. 게다가 자연은 부처라고 한다면, 예배의 대상이 되어져, 거기에 대단히 신선한 생명의 실감이 생겨날지도 모른다.

참고로 천태본각법문의 문헌인 『삼십사개사서(三十四箇事書)』『초목성불의 일』은 다음과 같이 설하고 있다.

> 초목은 의보, 중생은 정보이다. 의보는 의보이면서 십계의 덕을 베풀고 정보는 정보이면서 정보의 덕을 베푼다. 만약 초목성불이라면 의

보는 줄어들어 삼천세간의 기세간으로 감소한다. 따라서 초목성불은 아름다운 것 같지만, 도리어 추한 것처럼 간주된다. (중략) 상주의 십계를 모두 바꾸지 않고, 초목도 상주하고, 중생도 상주하고, 오음도 상주한다. 깊이 깊이 이것을 생각하라.(『天台本覺論』日本思想大系 9, 岩波書店, 1973年, 167項)

이러한 사고방식에 의하면 초목은 이미 그대로 상주[성불]하는 것이고, 그 의미에서는 오히려 초목불성불(草木不成佛)이라고 조차 말할 수 있는 것이다.

자기는 닫힌 존재가 아니다.

무엇보다도 우리들은 자기와 환경의 관계를 문제 삼는 데 있어서의 주제는 진정으로 성불할 수 있는가 어떤가가 아니라 그 양자의 관계가 여기서 어떻게 포착되고 있는가 하는 것이다. 그 관점에서 다시 이 설의 의미를 고찰한다면 어쨌든 ②④⑤⑥에서 어디까지나 공성이 그 본질이지만, 자기와 환경은 평등일체의 본성으로 일관되고 있는 것이 표명되어 있다. 그 본성이 게다가 지혜 그 자체라고 보여질 때 거기에서 본래성불이라는 것으로 말해질 뿐이다. 하여튼 자기와 환경은 완전히 다른 존재인 것이 아니라 그 본성[공성]에서 일체인 것이다.

한편, ①은 대상을 주관 속에서 찾아내려고 하는 것이며, 유식의

식의 사상[하나의 식은 상분과 견분 등이 갖추어져 있다]을 기초에 둔다면, 바로 이해할 수 있는 것이다. 게다가 ③은 자기와 환경의 둘이 아님[불이]를 말하는 것이지만, 그것은 유식의 아뢰야식 사상을 상정할 때, 간단하게 설명할 것이다. 이렇게 본다면 천태에 있어서도 유식사상이 기반이 될 것이다. 다만 오히려『대승기신론』의 유식[유심]적 세계관을 상정하고 있는 것이다. 그 유심의 사상 등을 채용하지 않아도, 연기의 관계성을 거기[의보와 정보]에서 본다면, 관계하는 이상 분리할 수가 없고, 이때 천태의 입장을 고려해본다면, 의(依)과 정(正)[또는 주체와 객체]의 양자 모두 공·가·중의 세 가지 진리가 융합하는 존재방식 가운데 둘이 아니라는 것이 된다고 생각된다.

⑦은 자기와 환경이 나뉘어져 있지만 그렇더라도 서로를 갖추고 있다고 말해졌다. 그런데 그 갖추고 있다고 한 말은 무슨 의미일까. 그것은 천태의 일념삼천의 교리를 근본으로 할 뿐이지만, 그 교리에서는 십계호구의 사상과 함께, 일념 속에 중생세간과 국토세간 · 오온세간의 3세간이 있다는 것이 전제되어 있다. 결국은 일념의 마음 속에 국토도 있다는 것이고, 또한 어떠한 의미에서 유식적인 사상을 기반으로 하고 있다는 것이 된다. 이것을 근본으로 하여 게다가 그 심구삼천(心具三千)의 사상에서, 역으로 색구삼천(色具三千)의 사고방식도 나오는 것이다. 결국 심에 색이 있는 이상, 색은 심을 떠나지 않는 것이기 때문에 색에 일념이 있는 것이 되고, 거기에 삼천이 있는 것이 된다. 이렇게 해서 초목국토에도 삼천이 있고, 결국 심이나 불성이 있는 것이며, 그러한 이상, 성불한다든가 내지 성불하고 있다는 사상이 따라오게 된다. 약간 복잡하고 기괴한 느낌이 들지도 모르지

만, 하여튼 옛 사람도 사상의 핵심에 이르기까지 깊게 천착하고 있었던 것이다.

이렇게 본다면, 천태의 '초목국토, 실개성불'의 기반에는 자기와 환경을 초월한 마음속에 자기와 환경이 포함되어 존재해 있고, 거기서 자기와 환경은 분리될 수 없고, 혹은 본성상 하나라고 보고 있는 것을 알 수 있을 것이다. 결국 천태교학 속에서도 자기는 자기만으로 닫혀진 존재는 아니었다. 사람은 심신의 개체만의 존재는 아니었다.

모두가 부처의 몸이다 – 구카이의 자연관

참고로 진언종에서도 구카이 자신이 초목국토는 불신(佛身)이라고 말하고 있다. 밀교의 세계관에서도, 자기와 세계는 일체라는 것은 잘 나와 있고, 세계 그것이 불신이라는 것도 종종 설해져 있다. 비록 많지는 않지만 예를 들어보고자 한다. 가령 구카이의 『즉신성불의(卽身成佛儀)』에는 다음과 같이 기술되어 있다.

> 육대(六大)는 무애하여 항상 유가(瑜伽)유가이다. …
> 말하자면 육대란 오대[지·수·화·풍·공]와 식이다. 『대일경』에서 말하는 바와 같이 "우리들은 본래 불생(不生)임을 깨달아 언어의 길을 뛰어넘어 모든 과오를 해탈함을 얻어 인연을 멀리 여의고, 공은 허공과 같음을 알라." 이것이 그 의미이다. …
> 이와 같이 육대는 능히 일체의 부처와 함께 일체중생의 기세간 등의 사종법신(四種法身, 자성신·수용신·변화신·등류신)과 삼종세간(三種世間, 지정각세

간·중생세간·기세간)을 만든다. …

이와 같은 경문은 모두 육대로서 능생(能生)을 삼고, 사법신과 삼세간
으로서 소생(所生)을 삼는다. 이러한 소생의 법은 위로는 법신에 도달
하고 아래로는 육도에 이르기까지 거칠고 미세한 것의 간격이 있고,
크고 작음의 차이가 있기는 하지만 그렇다 해도 역시 육대를 벗어나
지 않는다. 그러므로 부처는 육대를 설하여 법계본성이라 했던 것이
다.(『弘法大師全集』第1輯, 507–511項)

상당히 생략되어 있어서 의미를 파악하기가 쉽지는 않지만, 그럼
에도 약간 해설해 보고자 한다. 대부분 밀교의 말은 알기 어렵고 의
미가 있더라도 조금은 현학적이기 조차 하다고 말할 수 있다.

육대라는 것은 지·수·화·풍·공·식의 여섯 가지 원소[대(大)]로서, 얕
은 해석으로는 이 물질적·정신적 원소인 육대가 환경세계 모두를 만
들고 있다는 것이 된다. 그러나 구카이는 실은 이 육대를 지금 보는
것과 같이 『대일경』[및 『금강정경』]의 구절에 맞추어, 대일여래의 내용
의 암호로 사용하고 있다. 이것을 놓쳐버리면 아무 것도 알 수 없는
것이 되어 버릴 것이다. 즉 진정으로 의미하는 바는 식대란 깨달음의
의미이며, 지대란 본래 불생의 의미이며, 수대란 언어를 떠난다는 의
미이며, 화대란 자성청정의 의미이며, 풍대란 무위의 의미이며, 공대
란 공의 의미인 것이 육대의 의미인 것이다. 이것은 부처 본성의 다
양한 존재방식을 제시한 것이며, 핵심은 불의 본체인 것이다. 따라서
삼종세간 속의 하나인 국토세간도 육대에 의해 만들어진다는 것은
환경도 부처를 본체로 한다는 것을 말하고 있는 것이다.

구카이의 다른 저작에도 같은 설이 보인다. 『훔자의(吽字儀)』에서는

훔자를 가(訶, h), 아(阿, a), 우(汗, u), 마(麼, m)의 4개의 음으로 해부하여
설명하며 다음과 같이 말한다.

> 진여실상의 본래 부처는 줄어들지도 이지러들지도 않고, 우자(汗字)
> 의 여실한 뜻은 너희들은 마땅히 알라. 물 밖에 파도는 없고 마음 안
> 은 곧 경계이다. 초목에 부처가 없다면 파도에 습기가 없을 것이다.
> 저것이 있는데 이것이 없다면, 방편이 아니고 무엇이랴. … 삼제(三諦)
> 가 원만하고 융섭하여 십세무애(十世無礙)이며, 삼종세간(三種世間)은 모
> 두 이 부처의 몸이며, 사종만다(대만다라·법만다라·삼마야만다라·갈마만다라)는
> 즉 이 진실한 부처이다. 우(汗)자의 실제 의미는 바로 이와 같이 배워
> 야 한다. … (『弘法大師全集』 第1輯, 544項)

"삼종세간은 모두 이 부처의 몸이다." 결국은 우리들의 자기와 환
경세계는 모두 부처의 몸이라고 한다. 이러한 사상은 구카이의 다른
저작에서도 몇 개정도는 나타나고 있다.

심층생태학과 불교

이상 불교에서 자연환경과 자기를 보는 방식에 대하여 일별(一瞥)
해 보았다. 그런데 독자는 생태학이라는 말을 들어본 적이 있을 것이
라 생각한다. 그 가운데 심층생태학이라는 것이 있다는 것을 들었을
것이다. 노르웨이 철학자 아르네 네스(Arne Næss, 1912~2009)가 제창한
것이다. 생태학에도 심층세계가 있는 것이다.

일반적으로 심층생태학은 근본적인 생명 중심주의를 주장하고 있다고 보여 진다. 그러나 심층생태학이 추구하는 문제의 가반에는 본래의 자기자각의 문제가 있는 것이며, 철학으로서 이것은 간과되어서는 안 된다.

아르네 네스는 스피노자의 영향을 받은 것 외에 간디와 선(禪)의 영향이 컸다고 한다. 네스에 의하면, 간디의 주제는 실은 정치운동이 아닌 자기실현이다. 게다가 그 자기는 좁은 개아(個我)에 그치지 않고, 궁극적이며 편재적인 자기임을 분명히 한다. 그 자기란 세계의 존재 모두와 관계하며 동일성 속에 있는 것이라고도 한다. 거기에 소위 근대적 서양적인 자아를 초월한 자기를 발견한다. 이러한 것을 노르웨이의 철학자가 기술하고 있기 때문에 이제는 단순히 서양은 인간중심적이고 자기중심적이며 주객 이원론적이고 이성적이지만, 동양은 그 반대라고 도식적으로 결정하는 것은 불가능하다고 생각한다. 관계주의적인 세계관인 생태학의 사고방식은 아마도 오늘날에는 오히려 일본보다도 서양에서 보다 광범위하게 보급되고 있는 것은 아닐까.

이러한 자기와 세계의 사고방식에 대해서는 과학으로서의 생태학의 지견(知見)도 관여하고 있음에 틀림없다. 네스는 "'모든 것이 서로 연관되어 있고 함께 존재한다.'라는 생태학의 원칙은 자기에 관해서도 또한 다른 생물이나 생태계 및 생명권 그리고 긴 역사를 가진 지구에 대한 자기의 관계에 대해서도 적합하다."라고 말하고 있다.(ア ラン·ドレングソン, 井上有一 共編, 井上有一 監譯, ·ディープ·エコロジー 生き方から考える環境の思想』昭和堂, 2001年, 55項, 以下, 이 책을 『生き方』로 약칭). **나아가**

다음과 같이 말한다.

관계주의는 생태철학에서 보면 가치가 있다. 왜냐하면 관계주의는
생물이나 인간은 그들의 풍토나 환경에서 분리할 수 있다는 신조를
쉽게 붕괴시키기 때문이다. 생물과 풍토의 상호작용에 관해서 말하
면, 생물은 상호작용이라는 잘못된 연상을 불러일으킨다. 생물과 풍
토는 두 개의 사물이 아니다. 만약 쥐 한 마리를 텅 빈 공간에 집어넣
는다면, 그것은 더 이상 쥐가 아니게 될 것이다. 생물은 풍토를 전제
로 하고 있다.
이처럼 일개 인간은 인간이 전체의 장 속에서의 관계적인 접합점이
라는 의미에서는 자연의 일부가 된다. 일체화의 과정이란 이 접합점
을 정하는 모든 관계가 확대하여 점점 많은 것을 포함하는 과정이다.
자기(self)가 자기로 향하여 성장한다.(アルネ・ネス著, 齊藤直輔·開龍美譯『デ
ィープ·エコロジーとは何か-エコロジー · 共同體 · ライフスタイル』, ブァリエ叢書4,
文化書房博文社, 1997年, 92項, 이하『何か』로 약칭.)

이와 같이 자기와 환경은 두 개의 존재가 아니라고 명료하게 인식
한다. 이것은 불교의 의보와 정보의 둘이 아님의 사고방식과 거의 공
통하는 것이다.

타자에 대한 사랑의 실천

그런데 네스에게서는 이러한 전체로서의 자기는 개별의 존재와 관

계가 있다는 한에서의 관계주의로 말해지는 것이 아니라, 본래 일체인 것 같은 지평마저 언급된다. "이와 같이 유아기에는 세계는 주체·객체·매체로 3분화하지 않는다. 우리들이 여기에 새롭게 만들어내고 있는 것은 어떤 의미에서 기본적으로 이 원초적인 일원적 존재라고 말할 수 있다. 다시 한 번 유아기로 돌아가는 것에 의해서 아니라, 우리들의 생태적인 자기를 보다 잘 이해하는 것에 의해서, 이것을 실현하고자 하는 것이다."(『生き方』, 58項)라고 말하는 것이다. 이상에 의하면 협애한 의미의 자아를 초월한 자기는 주객미분(主客未分)의 하나의 진실이고, 동시에 관계에서 포착되어야만 하는 것이 되며, 곰곰히 생각하면 불교적인 무아의 아가 되고 있는 것은 아닌가 라고 생각될 정도이다.

그 자기에 대해서 아르네 네스는 다시 다음과 같이 말하고 있다.

'사는 것이다, 살게 하는 것이다(live and let live)'라는 격률이 제시하고 있는 것은 생태계 전체에서 계급이 없는 사회, 바꾸어 말하면 인간에 관해서만이 아니라, 동식물이나 경관에 대해서도 정의를 말할 수 있는 민주사회이다. 여기에는 모든 것의 상호관계성의 강조와 우리들의 자아는 단편이고 그것만으로 고립될 수 있는 부분이 아니라는 주장이 전제가 된다. 우리들이 자아로서 전체의 내부에 있는 힘과 위치는 극히 제한되어 있지만, 그것은 우리들의 잠재적 능력의 전개에는 충분하며 우리들의 자아의 잠재적 능력보다도 훨씬 포괄적인 것이다. 따라서 우리들은 자아 이상의 것이고 단편이 아니다. 아무리 보아도 작아서 무력하다고 말할 수 없다. 보다 크게 된 전체와 일체화하고, 우리들은 이 전체의 창조와 유지에 참여한다. 그것에 의해 우

리들은 그 위대함이 관여한다. 충족의 새로운 차원이 열린다. 자아는 우리들의 일체화의 과정의 확장과 심화에 응하여 점점 위대한 차원을 지닌 자기로 발전한다.(『何か』, 276-277項)

이 때 Self로서의 자기는 스스로 그 전체의 이익을 가져오도록 작용한다고 보는 것이다. 네스는 이와 같이 자기 존재방식·존재의 구조를 깊이 천착해 들어가는 중에서 스스로 타자를 사랑하는 실천을 전망한 것이 알려진다. 이 견해는 상당히 불교의 세계관과 가까운 것이라고 말해도 좋다고 나는 생각한다. 그 무엇도 일부러 차이를 말할 필요는 없을 것이다. 세부를 논하자면 문제는 종종 나올지도 모른다. 그러나 심층생태학이라는 상당히 근본적인 입장을 오히려 불교는 이전부터 또렷한 이론의 토대로 주장해 왔던 것은 위의 내용으로 분명할 것이다.

불교의 가능성

지금까지 보았던 유식·천태 등에서는 한결같이 자기는 세계와 분리될 수 없고 대체할 수 없는 개체와 그것이 놓여 진 환경과의 총체가 자기라는 입장이 주장되고 있다. 그 진정한 자각은 대상적으로 자기와 세계를 파악하는 앎의 방식을 바꾸어[희광빈조(廻光返照)하여] 불교에서 말하는 지혜의 실현으로서 가져오게 될 것이다. 만약 세계와 자기가 일체인 것이 진실이고 그것이 자각된다면, 적어도 근본적으로 신심만을 자기라고 생각하는 입장에서 대상적으로 세계를 지배하고, 게다가 자기본위로 조작하여 필요이상으로 상하게 하며 파괴하는 것은 조심할 것이다. 세계자신의 자기실현을 한결같이 추구하는 것이다. 아쉽게도 금일 이러한 견해는 사회에서 사라진 것이 사실이다. 그러나 그 사상이 깊은 진실을 포함하고 있어 지금 중요한 의미를 갖고 있다면, 예의(銳意) 검토하여 지금 시대에 상응하여 다시 단련하여 세계에 호소해야하지 않을까. 그 의미에서 불교의 세계관을 새삼스레 찾아내어 다시 전개하는 것은 지금의 하나의 큰 과제라고 생각한다.

제5장 절대자에 대하여

절대무의 종교철학

❀ 제5장 절대자에 대하여 ❀
절대무의 종교철학

포스트모던 속의 절대자

절대라는 말이 있다. 일상에서도 "그런 일은 절대로 없다."라고 말하기도 한다. 그러나 우리들의 세계에 절대라는 것은 참으로 있는 것일까. 아마 없는 것은 아닐까. 생각지도 않은 드문 일도 자주 일어나기도 한다. 무엇보다도 절대라는 것은 절대로 없다고 말할 수 없을지도 모르는 일이다.

지금 우리들이 살아가는 이 시대는 역시 니체가 말한 "신은 죽었다."라는 것이 거의 상식인 시대이다. 포스트모던의 시대라는 것은 절대자가 없어져 버린 시대라고 한다. 모든 가치는 상대화되어 다원화하여 다만 다종다양한 가치의 유희의 시대가 되어 버렸다. 우리들은 반복하여 멈추지 않는 큰 파도나 작은 파도 속에 사상의 서핑에만 흥미를 가질 런지도 모른다. 절대라는 건 있을 수 없다고 하면서!!!

그렇지만 종교의 세계에서는 절대자라는 존재가 자주 말해졌다. 신이라든가 부처라든가 영성(靈性, spirituality) 등등. 그렇다면 종교에서 진짜 절대자란 어떠한 존재라고 생각되어야만 하는 것인가. 그것에는 무엇인가의 의미나 확실함은 있는 것일까. 이러한 문제를 고찰해

가는 것은 종교철학의 세계이다. 조금 시대를 거슬러 다시 한 번 그 부분을 재검토해 보자.

실제 문제로서 종교에서 절대자는 인격적인 것과 비인격적인 것이 있다. 신이라는 것은 인격적이지만, 우주의 원리[브라흐만이나 다르마 등] 를 근본으로 하여 숭배하는 경우도 있으며 그것은 비인격적이다. 유일한 인격신을 내세우는 종교가 배타주의로 향하기 쉬운 것은 당연할 것이다. 인격을 가진 절대자, 특히 일신교의 신은 오로지 자기에로의 신앙을 요청하는 경우가 많고, 때로 우리들 인간의 죄나 악을 엄격하게 재단하는 존재가 될 수밖에 없다. 물론 일신교의 신은 문제이며 다신교의 신들 쪽이 뛰어나다고 하는, 그러한 단순한 문제가 아닌 것은 분명하다. 확실히 다신교에는 오늘날의 다원화된 사회에 걸맞는 것이 있을 지도 모르지만, 역시 다신교의 상대적인 존재가 아니라 참된 절대자란 어떠한 존재인가를 철저히 규명해 보지 않으면 안된다.

힉의 종교다원주의

오늘날과 같이 지구가 하나로 되면서 다양한 종교가 각각 자신의 종교야말로 유일하고 절대적으로 바르다고 주장하는 것은 통용되지 않게 되었다.

이러한 시대에서 종교를 어떻게 생각할 것인가 하는 하나의 분석 틀로서 종교다원주의를 주장한 사람이 존 힉(John H. Hick, 1922~2012)

이다. 어느 종교라도 사람들을 생생하게 살아가게 하는 종교라면 바르다고 말해도 좋다는 것이다. 실제 많은 사람들에게 인생의 의미를 가르쳐 의지가 되는 훌륭한 종교는 얼마든지 있다. 그렇지만 그것들이 모두 바르다는 것은 어떻게 생각하면 좋을까. 이 경우 힉의 종교 다원주의에서는 유일한 신적 실재라는 것이 상정되어, 각종의 종교는 그것에 대한 시대적 풍토적 제약을 동반한 각각의 응답에 다름 아니라고 한다. 그렇기 때문에 그러한 각각의 종교는 유일한 신적 실재의 한 측면을 파악하고 있다고 하는 한 바르다고 할 수 있는 것이다. 이렇게 해서 실제로 대화를 자주 함으로써 종교의 상호 이해를 가져오는 것이 가능하다는 것이다.

힉은 원래 그리스도교의 목사이자 신학자이다. 그럼에도 불구하고 그리스도교에서 벗어나 게다가 그리스도교의 유일 절대성을 해체해 갔기 때문에 실로 용감한 사람이다. 그 점은 크게 인정해야만 한다.

그런데 다양한 종교에는 인격신을 세우는 종교와 내세우지 않는 종교가 있는 것이다. 그렇다면 힉의 이론에 입각할 때, 원래 유일한 신적 실재로서 생각되는 것이 어떻게 해서 여러 종교들에 의해서 인격적이었다든지 비인격적이었다든지 하여 다르게 나타나는가가 문제가 된다. 이것에 대해 힉은 동일한 하나의 빛이 입자로서 관측되거나 파동으로서 관측되는 것과 같이 인격적·비인격적 두 측면은 상보적인 것으로서 어디까지나 인간의 경험을 초월한 유일한 신적 실재가 존재할 뿐이라고 하였다. 이렇게 말하는 것은 유일하지 않으면 절대라고 말할 수 없기 때문이다(힉의 종교 다원주의에 관해서는 間瀨啓允『現代の宗教哲学』勁草書房, 1993年, 그 외 間瀨啓允의 각종의 저작을 참조하기 바란다).

철학으로서 불교 입문

석존의 깨달음

그런데 그렇다면 불교에서 절대자란 인격적 존재라고 해야 할까, 아니면 비인격적 존재라고 해야 할까. 대체 어떻게 보아야 할까.

다양한 종교 가운데 불교는 기본적으로 보편적 진리인 다르마(dharma, 법)를 깨닫는 것이 구제라고 생각하기 때문에 인격적인 절대자는 세우지 않는다고 보는 경우가 있다. 소승불교 밖에 모르면, 종종 그러한 이해에 치우치기 쉽다. 확실히 석존의 깨달음과 관련하여 "비구들이여! 이것이 제법에 관한 규칙이다. 여래들이 출현해도 출현하지 않아도 이 기체(基體, 界, dhātu)는 결정되어 있다. 그것은 법으로서 확립해 있으며 법으로서 결정되어 있다. 그것은 즉 '이것에 의한 것'이다."라고 말해지기도 한다.(高崎直道『佛教入門』東京大學出版會, 1983年 92項). 많은 사람들이 불교는 비인격적 종교라고 말할 때, 이 '연기의 이법'[관계성의 진리]을 깨닫는 것이 불교도의 궁극 목적이라고 생각한다[또한 '이것에 의한 것'의 제1의는 십이연기인 것이다. 『사중경(四衆經)』 등].

이것과 관련하여 석존의 깨달음은 자주 연기라고 말해진다. 그러나 『율장』[팔리문]의 '불전'을 읽을 때, 실은 보리수 아래에서 우선 한 주간 해탈의 즐거움을 맛보고서 그곳에서 십이연기의 관계를 관찰했다고 한다. "그때 세존은 보리수 아래에서 7일 간 줄곧 가부좌를 한 채로 해탈의 즐거움을 향유하면서 앉아 계셨다. 그 때 세존은 그 밤의 최초의 부분에서 연기의 [이법]을 역순의 순서에 따라 깊게 사고하셨다."라고 기술하는 것이다.(中村元選集 決定版 第11卷,『ゴ・タマ・ブッダ 1』春秋社, 1985年 393項). 그렇지만 우선 최초로 이미 해탈했다고 하는 자

각이 초래된 것이며, 실로 그 곳에 연기의 요해(了解) 이전의 직각(直覺)적 깨달음이 있었다고 하는 것은 아닐까.

다른 자료인『맛지마 니카야』의『성구경(聖求經)』에는 "수행승들이여! 이렇게 해서 나는 스스로 중생인 존재이면서 중생 속에서 우환을 보고 불생(不生)인 무상(無上)의 안온(安穩)과 열반[니르바나]을 구하여 불생인 무상의 안온과 열반을 얻었다. 저절로 늙음·병듦·죽음·근심·번뇌 에 오염된 것임에도 늙음·병듦·죽음·근심·번뇌에 오염된 것 가운데 우환이 있다는 것을 알고 불로(不老)·불병(不病)·불사(不死)·번뇌로 더럽혀진 적이 없는 위없는 안온과 열반을 추구하여 불로·불병·불사·번뇌로 더럽혀진 적이 없는 위없는 안온과 열반을 얻었다. 그래서 나에게 앎[여실지(如實知)]과 봄[여실견(如實見)]이 생겼다— 나의 해탈은 부동(不動)이다. 이것은 최후의 생존이다. 더 이상 다시는 생존하지는 않는다."라고 기술한다(前揭書, 403~404項). 이것에 의하면 연기는 근본의 깨달음과는 반드시 관계가 있는 것은 아니다. 핵심은 불생(不生)·불사(不死)의 세계를 체득한 것이 석존의 최초의 깨달음이었다고 해야만 할 것이다.

인격적인 절대자

그러나 불교라고 해도 불교는 결코 석존의 불교[원시불교·근본불교]나 소승불교만 아니라 대승불교도 있고 밀교도 있다. 일반적으로 불교는 원시불교·부파불교·대승불교·밀교로 분류되지만, 우리 동아시아인에 있어서 가장 친숙한 불교는 대승불교 내지 밀교일 것이다. 밀교는 대승불교의 세계관을 꽤 수용하고 있으며, 거의 대승불교의 연장선상에 있다고 할 수 있다. 대승불교에서는 연기의 세계의 본성으로서 진여·법성이라는 진리를 설한다. 이것은 지금까지도 여러 번 언급한 바가 있다.

지금 석존의 깨달음은 불생·불사의 세계에 대한 체득이었다고 하는 사고방식을 제시했지만, 실로 대승불교의 팔종(八宗)의 조사라고 말해지는 용수는『중론』의 서두의 귀경게에서 팔불(八不 : 不生不滅·不常不斷·不一不二·不來不出)의 희론적멸의 연기를 최고의 진리로 간주하는 입장을 표명한다. 이 구절의 해석에는 다양한 방식이 있을 수 있지만, 적어도 단순히 연기를 초월한 승의제의 존재방식을 제시한 것으로 보아도 틀림없을 것이다.

덧붙여서 유식설에 의하면 보살의 최초의 깨달음[견도(見道)]에서는 단순히 연기의 이법[관계성이라는 진리]만을 보는 것이 아니다. 오히려 우선 무분별지에서 진여·법성을 깨달아 그 위에서 더 나아가 후득지(後得智)에 의해서 연기의 실상을 깨닫는 것이다.

깨달음의 지혜에서는 대상적으로 세계를 연기로 보는 것이 아니라 자기 자신도 포함한 방식으로 연기를 보는 것이며, 동시에 자타평등의 본성도 통찰한다. 그 자타평등의 본성은 공성이기도 하며, 진여 혹은 법성이라고도 한다. 철저하게 그 자타평등의 본성을 체득하기 때문에 위대한 지혜는 그대로 위대한 자비가 되며, 자리·이타의 활동, 자각·각타인 활동 그 자체가 된다. 거기서 그 개별적 인격이 완성된다.

즉 대승불교의 사고방식에서는 법의 깨달음은 인격과 관계가 없다고 할 수 없고, 법의 깨달음은 저절로 인격에로 현성(現成)하는 것이다. 깨달음은 자각임과 동시에 각타가 되며, 자리·이타의 주체가 된다. 이와 같이 본다면 불교는 전체적으로 비인격적 종교인 것이 아니라, 가령 한결같이 깨달음의 종교로서 법의 각성(覺醒)의 실현을 지향하는 것이라고 해도 역시 어디까지나 인격성을 둘러싼 종교이다.

나아가 대승불교에서는 인격성이 있는 부처라는 존재에 관해서 영원한 생명을 가진 것처럼 부처를 설한다. 그 부처는 지혜를 완성하고 있음과 동시에 무한한 자비를 지닌 존재로서 묘사된다. 대승불교에서는 스스로 수행하여 구극의 진리인 진여·불성을 깨닫는다고 하는 것처럼 스스로 구제되는 길뿐만 아니라 이미 부처가 된 존재의 자비의 활동을 신앙하여 구제되는 길마저도 있다. 동아시아인의 민중을 널리 사로잡은 불교는 오히려 자비가 깊은 부처에로의 신앙이며, 거기서는 소위 절대자는 바로 인격적이다. 이런 면을 착안할 때 단순하게 불교는 절대자를 비인격적으로 생각하고 있다고 말할 수는 없게 된다.

아미타불이란

지금 민중이 신앙하는 인격적 부처가 있다고 기술했지만, 그러한 부처로 가장 잘 알려진 것이 아미타불(阿彌陀佛)이라 할 수 있다. 그 부처의 이름인 아미타불은 무량수(無量壽)·무량광(無量光)을 의미한다. 소위 영원한 시간·무한한 공간이라는 의미의 이름은 정말로 절대자를 표현한 것이라 할 수 있다.

그렇지만 이 부처는 원래 극히 보통의 한 사람의 국왕이었다. 아주 옛날 일이지만 세자재왕불(世自在王佛)이라는 부처가 이 세상에 출현했을 때 그 부처를 만나 자기 자신도 그와 같은 부처가 되고 싶다고 발심하고, 48의 본원[수행을 시작할 때 세우는 서원]을 세우고, 헤아릴 수 없는 오랜 기간 동안의 수행을 거쳐 성불을 완수하여 서방에 극락정토를 완성했다. 그 성불은 이미 10겁의 옛날에 일어난 사건이라고 한다. 무시이래 미래영겁 동안 사람들을 구제하여 멈추지 않는 존재라고 하는 것이다. 그 성불에는 당연 그의 본원이 성취되었을 터이다. 그 본원의 내용은 간단하게 말하자면 어떠한 중생도 부처가 되게 한다는 것이다. 그것이 사람들에 있어서 고통으로부터의 참된 해방, 구제가 되기 때문이다. 그 구체적인 실현은 스스로 건립한 불국토=극락정토에 사람들을 태어나게 하는 것이었다. 이 극락정토에 가서 태어나는 것을 왕생(往生)이라고 한다.

『법화경』의 핵심

한편 불교의 개조 석존은 대승불교의 대표 경전인 『법화경』에서는 놀랍게도 구원실성(久遠實成)의 석가모니로서 묘사된다.

「여래수량품」에 "모든 중생들에게는 갖가지 성품, 갖가지 욕망, 갖가지 행위, 갖가지 생각과 분별이 있기 때문에 온갖 선근을 낳게 하려고, 약간의 인연·비유·언사로서 갖가지로 설법하여, 불사를 하되, 지금껏 잠시도 게으른 적이 없었다. 이와 같이 나는 성불한 지는 매우 오래 되어, 수명은 무량아승기겁이어서 항상 머물러 있고, 소멸하지 않는다.”(坂本幸男·岩本裕 譯註『法華經』下 岩波文庫, 1967年 18項)라고 기술한다.

즉 이 부처는 아주 오랜 옛날에 성불한[구원실성] 이래, 잠시도 쉬지 않고서 사람들의 구제의 행위를 일으켰던 부처이며, 금후도 구제하면서 계시는 부처이다. 이 부처도 또한 대비(大悲)의 존재이다.

일반적으로『법화경』의 주제는 일승(一乘)사상·구원실성의 부처·보살의 사명이라는 셋이 말해지지만, 그 일승사상, 즉 모든 중생에게는 부처가 될 가능성이 있고, 부처가 된다고 하는 사상의 의미도 단순히 그것만이 아니라고 생각한다. 오히려 부처는 어떠한 방편을 써서라도 일체중생을 구제한다고 하는 그 부처의 광대한 대비를 밝히는 것이야말로『법화경』일승사상의 핵심이라고 생각한다. 이것은 유명한 ‘삼거화택(三車火宅)의 비유’[비유품], ‘장자궁자(長子窮子)의 비유’[신해품] 등에서 반복해서 설해진다.

가령 ‘장자궁자의 비유’에서는 부처를 의미하는 장자는 실로 가출하여 방랑했던 자신의 아들을 인도하며, 그러기 위해서는 자신의 존용(尊容)·위엄(威嚴)도 다 버리며, 먼지나 더러움을 무릅쓰고 있다. “어느 날 창에서 멀리 아들을 보니 몸이 말라 초췌하고 흙과 먼지로 더럽혀져 깨끗하지 못하였습니다. 그 아버지는 곧 영락(瓔珞)으로 꾸민 부드러운 옷과 장신구를 벗고 낡고 때 묻은 옷으로 갈아입고서 몸에 흙과 먼지를 묻히고, 오른 손에는 변 치우는 그릇을 들고 두려워 보이는 모습으로 일꾼들에게 이르되, '너희는 부지런히 일할 것이며, 게으름을 피우지 말라'고 하여, 이런 방편으로 그 아들에게 접근하였습니다." 등으로 기술한다(『法華經』上 岩波文庫, 1962年, 232項). 물론 장자는 부처, 가난한 아들인 궁자는 우리들 중생이다.

실로 그리스도교와도 유사하게 『법화경』에는 소위 케노시스(Kenosis, 스스로 자신을 낮추는 신)의 부처가 설해져 있는 것이다. 『법화경』의 부처는 그와 같이 철두철미 대비의 부처이며, 그렇기 때문에 이 시점에서 다시 한 번 『법화경』의 정신을 되살릴 필요가 있을 것 같다.

덧붙여 유명한 「여래수량품」의 자아게(自我偈, '自我得佛來'로 시작하는 게송)에서는 이 부처에 관해서는 "나의 지혜의 힘은 이와 같아 지혜광명 한량없이 비추며 수명 또한 무수겁이니, 오랫동안 닦은 업으로 얻은 것이다."(『法華經』下 34項)라고 설한다. 무량의 빛과 무수겁의 수명이 있는 것으로, 실로 아미타불과 같은 내용을 가지고 있다고 할 수 있다.

삼세시방 다불설

대승불교에서는 그 외에 『화엄경』의 비로자나불도 있지만, 민중에게 친숙한 약사여래(藥師如來, 여래도 불도 같은 존재이다)도 있다. 비로자나불과 약사여래는 자신의 본원(本願)을 성취한 존재 즉 사람들의 구제를 위한 업을 실현한 존재이다. 이렇게 해서 대승불교에서는 부처라고 하는 신앙의 대상으로서의 인격적 존재를 말하면서도, 그렇지만 실은 그 존재는 유일한 절대자가 아니다. 대승불교는 삼세·시방에 다수의 부처가 있다고 말할 수 있기 때문이다.

이와 같이 개개의 부처가 많이 존재하는 배경에는 하나의 생명, 하나의 개체라는 것이 무시(無始) 이래 무종(無終)까지 상속되어 존재한다는 사고방식이 있다. 즉 세계에는 무수의 개체가 존재해 있고, 아직 수행에 들어가지 않은 자는 범부이며, 대개는 육도윤회를 반복한다. 그러나 대승불교의 길을 걷기 시작한 자는 보살이며, 생사를 거듭하면서 수행한다. 그리고 수행을 완성한 자가 부처라고 하는 것이다. 범부와 부처의 차이는 그 사람의 마음이 무명 번뇌로 덮여 있는가, 완전히 지혜로 바뀌었는가에 있다.

유식설의 설명에 의하면 개개의 인간은 아뢰야식을 포함한 팔식으로 성립한다. 근본식이라고도 말해지는 아뢰야식은 무시에서 무종에 찰나멸[찰나찰나 생성하자마자 소멸하며 생성하자마자 소멸한다]이면서 한 순간조차 틈도 없이 상속된다고 한다. 그 기반 위에 칠전식도 일어난다. 그 팔식 가운데 색·음·향 등 혹은 언어나 관념 등 세계의 전체가 드러난다. 그 팔식이 수행을 통해서 대원경지·평등성지·묘관찰지·성소작지의 사지가 된 존재가 부처인 것이다. 아뢰야식은 대원경지로, 말나식은 평등성지로, 의식은 묘관찰지로, 오감의 안식·이식·비식·설식·신식은 성소작지로 전변한다고 말한다. 부처는 그 사지에서 미래영겁 내내 작동하게 되는 것이다.

따라서 불교의 부처는 결코 다만 하나라고는 생각되지 않는다. 과거에 부처가 된 많은 개체도 있고, 미래에 부처가 될 다수의 개체도 있고, 현재에 부처가 되고 있는 많은 개체도 있다고 하는 것이다.

삼신으로서의 불

그렇다면 대승불교란 신도(信徒) 혹은 수행자의 한 사람 한 사람이 신앙이나 수행을 통해서 최종적으로 부처가 되는 길인 것이며, 그런 이유로 실로 삼세·시방에 다수의 부처가 존재한다고 하는 코스몰로지를 묘사하고 있다. 정토종이나 정토진종과 같은 정토교에 있어서도 다만 아미타불의 극락정토에로 왕생하는 것이 신자의 최종목적인 것이 아니라 역시 자신이 부처가 되는 것이 그 사람의 최종목적이다. 신란(親鸞, 1173-1262)은 "미타의 본원을 믿어야 하고, 본원을 믿는 사람은 모두 섭취불사(攝取不捨)의 이익에 있어 무상각(無上覺)을 자연 얻을 것이다."라고 노래한다.『탄이초(歎異抄)』에 의하면 신란은 "정토의 자비라고 하는 것은 염불을 하여 서둘러 성불하고, 대자대비심으로서 생각하는 대로 중생을 이익 되게 해야 한다."고 말했다고 한다. 또한 정토진종에서는 왕생이 곧 성불 즉 극락에 왕생하는 것은 그대로 부처가 되는 것에 다름 아니라고 말한다. 하여튼 신앙의 길이라고도 생각되는 정토교도 또한 스스로 부처가 되는 길을 말하고 있다.

이와 같은 세계관에 입각하면 대승불교에서는 유일한 것이 아니라 오히려 다수의 존재인 것으로, 인격적 존재가 상당히 중요한 의미를 지니고 있음을 확인할 수 있다.

부처라는 존재는 대승불교에서는 세 개의 관점에서 파악된다. 즉 법신·보신·화신의 소위 삼신불(三身佛)의 불신론이다. 혹은 또한 순서대로 자성신(自性身)·수용신(受用身)·변화신(變化身)이라고도 한다. 그 중에서 보신은 지혜 그 자체에서 부처를 파악한 것이며, 화신은 그 지혜의 작용에서 우리들 범부의 마음속에 성립한 영상과 같은 것이다. 나아가 불신으로서 법신이라는 것도 생각되어 왔다. 그것은 저 모든 사물의 본성으로서의 진여·법성에 다름 아니며, 그것은 또한 공성에 다름 아니다. 그것을 불신론에서 볼 때 법신이라고 말할 정도이다. 그렇기 때문에 이 법신은 모든 존재에 편재해 있는 것이다. 궁극의 보편인 것이다. 이때 법신이 궁극의 절대와 같이 생각될 지도 모르지만, 그렇다 해도 그것은 결코 법신[사지의 작용·개체]을 떠나서는 있을 수 없다. 오히려 부처의 본질은 지혜로서의 보신에 있다고 생각해야만 할 것이다.

대승불교의 우주관

그렇다고 해도 대승불교의 세계관에서는 무수한 개체가 존재하고 있지만, 여기서 또 한 번 확인해 두고 싶은 점은 개체의 내용을 소위 신체와 마음만으로 보아서는 안 된다는 것이다. 화엄종에서는 삼세간 융합의 십신불(十身佛)이라는 존재를 말했고(117쪽 참조), 또한 팔식으로 이루어진 범부의 그 아뢰야식 중에는 신체[유근신]와 물질적 환경[기세간]이 유지되고 있음을 살펴보았다(114쪽 참조).

즉 신체와 정신활동과 환경 전체가 하나의 개체로서 생각되는 것이다. 우리들은 인간세계라는 환경에 머물고, 한편 부처는 스스로 완성된 불국토=정토에 머문다. 그 국토를 포함한 전체가 하나의 개체라고 보아야만 한다. 삼신론에서도 법신에 대해서 법성토(法性土), 보신에 대해서 보토(報土), 화신에 대해서는 화토(化土)가 설정된다. 이 가운데 법성토는 역시 진여·법성이며 실은 법신으로 변한 것은 아니다. 구체적인 진실한 불국토는 보토이며, 거기에 부처의 신심(身心)이 머물고 있을 것이다. 요점은 한 개체의 인간이란 단순히 신심[정보]뿐만 아니라 환경[의보]도 포함한 그 전체이며, 바꾸어 말하면 신체를 초점으로 주체와 환경이 교류, 교섭하는 그 총체가 하나의 개체이다. 이것은 앞에서도 여러 번 말했다.

게다가 그 개체의 전체는 신심도 국토세계도 현상세계[유위법]로서 제법의 연기의 세계에 다름 아니다. 유식설에 의하면 개체는 심왕·심소[상세하게는 심소유법] 복합체의 찰나멸의 흐름이라는 것이 된다. 개체 그 자체가 제법의 연기적 복합체이며 일개의 실체적 존재일 수 없다. 이 점에서는 부처가 된 존재도 유위법인 사지(四智)의 복합체로서 변하지 않을 것이다. 연기의 세계에서는 자기가 자신을 의지하는 존재는 없다. 즉 실체적인 존재는 없다. 연기의 존재는 무자성이며, 대개 연기의 존재는 이 무자성이라는 존재방식, 무자성성으로 일관된다. 그 무자성성은 공성이기도 하며, 이것을 또한 법성이라고도 진여라고도 한다. 법신·법성토는 불신론·불토론에서 이것을 거론한 것이다.

이렇게 해서 제법[현상]과 법성·진여[소위 실재], 연기와 공성은 구별되면서 하나이다. 어떤 개체의 총체인 신심과 환경[하나의 세계]은 연기의 현상임과 함께 진여·법성과도 하나인 것이다. 부처라고 해도 부처로서의 신심과 그 불국토의 전체는 현상이며 그 본질은 공성=진여=법성이다.

각각의 개체는 그 자체 제법의 연기적 복합체임과 동시에 물론 그 개체는 다른 개체와도 관계하여 성립한다고 한다. 즉 자타의 사이에서도 연기적 관계가 성립한다. 어떤 하나의 개체 내부에서 연기를 즉자적(即自的) 연기라고 한다면, 자타 사이에서 연기를 대타적(對他的) 연기라고 불러야 할 것이다. 연기는 그와 같이 자기 내부 및 자타 간에 분명히 존재해 있고, 그렇기 때문에 그 연기에서 무자성성=공성=법성=진여는 일체의 자타를 일관하고 있다. 진여·법성은 우주의 일체를 일관하는 궁극의 보편인 것이다.

상대와 절대는 하나

그런데 이러한 코스몰로지[=우주론]에서, 그렇다면 그 진여·법성의 최고의 보편을 불교에서 절대자로 간주해야만 할까. 불신론에서 말하면 법신=법성토에서 절대자를 보아야만 할까. 그러나 그 보편적인 공성·진여·법성은 이미 반복해서 말한 바와 같이, 단독으로 그것만으로 존재하고 있는 것은 아니다. 현상으로서 개별적으로 독립적으로 존재하고 있는 것은 아니다. 공성은 어디까지나 현상의 본성인 것이며, 현상을 떠나 있는 것이 아니다. 실로 '색즉시공 공즉시색'이다. 굳이 말하면 현상과 실재[다만 공성]는 하나이며, 요컨대 상대와 절대는 하나가 된다. 불교에서는 제법을 떠난 단순한 법성은 있을 수 없고, 또 단순한 초월적인 절대자는 있을 수 없다.

결국 불교에서는 상대를 단순히 초월한 절대자 혹은 상대에 대한 절대자를 참된 절대자로는 보지 않는다. 절대라고 해도 상대에 대한

철학으로서 불교 입문

절대자는 아직 상대적인 절대자이다. 그것은 참된 절대자라고 할 수 없다. 그렇기 때문에 참된 절대자는 상대와 일체인 절대자라고 보는 것이다.

이 관점에서 말하면 힉의 신적 실재가 칸트의 물자체와 같이 인간의 경험세계를 완전히 초월한 것으로 생각되는 것이라면, 불교란 역시 다른 입장이다. 실로 그 종교 다원주의는 역시 본질적으로 불교와는 다른 논리를 사용하고 있는 것이다. 한편 존 캅은 신을 순야타(śūnyatā, 공성)로 보는 쪽이 예수가 분명히 한 신에 가까운 것이 아닌가라고 기술하지만 (16쪽 참조), 그렇다고 하면 일체의 현상계도 또한 신과 즉비적으로 동일하다[비일비이(非一非異)]고 까지 말해야 할 것이다. 그런데 최근 자연세계에도 신은 작동하고 있다고 하는 사고방식이 나오고 있는 것 같지만, 옛날의 그리스도교에서는 신은 오로지 초월자였다고 생각된다. 또한 불교에서는 깨달음이라는 특별한 체험에서 그 본성을 직접적으로 체득하는 것이며, 그것은 절대자[유일의 신적 실재]가 전적으로 인간의 경험을 초월한 존재방식으로 있다고 하는 것도 아니다.

그렇지만 절대자라는 것을 불교에서 굳이 말한다면 무수한 개체의 모두[일체의 현상]를 일관하는 진여와 그 무수의 개체와의 관계 속에 그 전체라는 것이 되는 것은 아닐까. 그 전체란 진여가 공성이기 때문에 사실상 개체와 개체가 상호간에 작용하는 그 총체라는 것이다. 세계에는 다수의 개체가 존재하고 있고 그 각각이 현상세계 그것이며 그 개개의 현상세계가 보편적인 본성과 같다. 그 전체가 소위 절대자라 하면 절대인 것이다.

중중무진의 구조

가령 화엄사상에서 파악하는 부처는 오늘날의 절대자에 보다 가까울 것이다. 왜냐하면 앞에서도 언급한 바와 같이, 화엄의 불신론에서는 십신론(十身論, 중생신·국토신·업보신·성문신·벽지불신·보살신·여래신·지신·법신·허공신, 『화엄경』 십지품)을 내세운다. 그리고 그 내용은 지정각세간·기세간·중생세간의 삼세간의 모두를 포함하는 것이며, 참된 부처는 '융세간십신구족(融三世間十身具足)의 부처'라고 여겨졌다(117쪽 이하 참조). 즉 어떤 개체의 지혜와 국토와 나아가 거기에 머무는 중생[부처들과 존자들을 포함한다]의 일체가 어떤 한 사람의 부처의 내용이라고 하는 것이다. 그 국토는 어디까지나 광대하다고 할 수 있다. 그렇기 때문에 거기에 머무는 개체도 무수히 광대할 것이다. 화엄에서는 부처라 해도 국토와 융합해 있고, 나아가 중중무진의 자타의 관계의 일체를 내용으로 한다. 그것이야말로 절대자에 가까운 것이다. 그렇지만 어떤 개체도 같은 내용을, 즉 자기의 신심과 환경과 관계하는 타자[그 모두는 진여·법성으로 일관된다]의 모두를 자기로서 가지고 있는 것이며[자기가 곧 세계], 이것을 절대자라 부른다면 어느 개체도 절대자인 것으로 되어 버린다. 자기를 중심으로 본다면 모든 타자는 자기의 내용이 되지만, 타자를 중심으로 본다면 자기는 타자의 내용에 포함되게 된다. 주반구족(主伴具足)·융통자재(融通自在)이다. 거기에 존재하는 관계성은 중중무진이다. 정말로 실로 흥미진진한 생명의 구조가 아닌가.

절대자의 자기부정이라는 것

화엄사상에서 흥미진진한 것은 이와 같은 무한의 관계성에 관해서 명료하게 지적함과 동시에 그 성립 기반에 '진여수연(眞如隨緣) 불수자성(不守自性)'[진여는 연에 따라서 현상하고, 자성을 지키지 않는다]이라는 것이 있음을 지적한다.

법장의 『탐현기』에 있는 한 구절[「십지품」 제6현전지에 십중유식설을 설한 가운데 '전진성사유식'의 설명. 101쪽 참조]에는 '여래장은 자성을 고수하지 않고, 연에 따라서 팔식의 왕(심왕) · 수(數, 심소)의 상(상분) · 견(견분)의 종(종자) · 현(현행)을 현현한다.'(如來藏不守自性, 隨緣顯現, 八識王數相見種現. 大正新修大藏經 35卷, 347項 上)라고 기술한다. 여래장 · 자성청정심은 진여와 다른 것이 아니다. 진여·법성은 자기를 주장하지 않고 오히려 스스로를 부정함으로써 연기의 제법을 성립시킨다. 공성은 끊임없이 스스로를 공화(空化)하고 있는 것이다. 여기에 이사무애법계에서 사사무애법계에로의 길이 있다. 보편적인 본성은 공성이기 때문에 스스로를 전적으로 부정하여 다만 중중무진의 관계성의 현상세계만이 남는다. 거기서는 무수한 개체가 관계하고 각각의 개체가 주(主)가 되면서 또한 다른 것의 반(伴)이 되어 세계를 구성한다. 그 총체가 절대자라고 한다면 절대자일 것이다.

이 세계관은 저 니시다 기타로(西田幾多郎, 1870~1945))가 설명하는 것과 극히 유사하다고 생각한다. '진여불수자성(眞如不守自性) 수연작종종법(隨緣作種種法)'이라는 이 사고방식은 니시다가 "절대자는 스스로 자기의 절대를 부정하고 상대로 바꾼다."(「場所的論理と宗敎的世界觀」)라고 설하는 것과 통한다. 가령 니시다는 "이러한 절대자의 자기부정에서 우리들 자신의 세계, 인간의 세계가 성립하는 것이다. 이러한 절대부정이 곧 긍정이라고 하는 것이 신의 창조라고 하는 것이다. 그러므로 나는 불교적으로 부처가 있어 중생이 있고, 중생이 있어 부처가 있다고 한다. 절대에 대한 상대라고 하는 것은 위에서도 말한 바와 같이 단순히 불완전한 것이 아니라, 부정의 의의를 지니지 않으면 안 된다. 신과 인간의 관계는 인간의 쪽에서 말하면 '영원히 서로 떠났지만 한 순간도 떠난 적이 없습니다. 하루 종일 마주했지만 한 순간도 마주한 적이 없습니다. 이것이 인간이 존재하는 원리입니다(億劫相別, 而須臾不離, 盡日相對, 而刹那不對, 此理人人有之)'라는 대등국사(大燈國師, 1283~1338)의 말이 양자의 모순적 자기 동일의 관계를 잘 나타내고 있다고 생각한다. 부정이 곧 긍정의 절대 모순적 자기 동일의 세계는 어느 곳에서도 역한정(逆限定)의 세계, 역대응(逆對應)의 세계가 아니면 안 된다. 신과 인간의 대립은 어느 곳에서도 역대응적인 것이다."(「場所的論理と宗敎的世界觀」,『西田幾多郎全集』第10卷, 324~325項) 등으로 설한다. 나아가 니시다는 자기의 근본이 이와 같은 방식으로 끝이 없기 때문에 절대 자유의 개체가 성립하는 것이라고 설한다. 그 성립은 오히려 절대자가 자기를 부정해서라도 사람을 사람답게 하는 사랑에 근거한다고 말하는 것이다.

개체는 개체에 대해서 개체인 것

게다가 사사무애의 중중무진의 관계 속에 있는 개체[개인]는 니시다가 말하는 "개체는 개체에 대해서 개체이다."라는 명제와 대응한다. 여기에 유일한 개체[개인]는 실은 타자와의 관계에 들어가 있다[개체는 유일하게 성립하지 않는다]는 모순적 사태가 개체의 실상임이 분명하다.

니시다는 "…나는 그것에 대해서 고래 철학에서는 개체 개념의 자기모순에 관해서 깊게 고찰되지 않았다고 생각한다. 고찰되었다 해도 아직 그것으로부터 새로운 논리가 나오지 않았다. 개체는 개체에 대해서 개체이다. 그것은 모순이다. 그러나 이러한 모순적 대립에 의해서만 개체와 개체가 상호 개체인 것이다. 그리고 그것은 모순적 자기 동일에 의해서라고 말하지 않을 수 없다. 무엇인가 하면 그것은 절대부정을 매개로 하여 상대한다는 것이다. 개체와 개체가 각자로 자기 자신을 유지하는 한 상대한다고는 말할 수 없다. 따라서 그것은 개체가 아니다. 단순한 개체는 어떠한 것도 아니다. 절대부정을 통해서 서로 관계하는 곳에 절대부정이 곧 긍정으로서 모순이 곧 동일적인 모순적 자기 동일이 근저가 되지 않으면 안 된다. 그것은 절대무의 자기한정이라 말해도 좋다. …"(「豫定調和を手引として宗教哲學へ」『西田幾多郎全集』第10巻 92項)라고 설한다. 그와 같이 개체는 타자와 관계하지 않는 한, 의미를 갖지 않는다. 그러나 거기에 절대부정의 매개 없이 각 개체의 근본적 자유는 있을 수 없다. 절대무의 기반에서 게다가 관계하고 있는 곳에 참된 개체가 성립한다고 하는 것이다.

그 개체는 다른 모든 개체와 상대하면서 관계는 작용하며 세계를 형성해 갈 것이다. 그리고 그 개체는 역사 창조의 주체가 될 것이다.

하여튼 그것은 이 니시다의 절대자는 스스로를 절대 부정하는 것이야말로 절대자라고 하는 사상 즉 '무의 절대자' 사상은 종교 철학상, 획기적인 것이 아닌가라고 생각한다. 옛부터 세계에 군림하는 절대자가 자주 언급되는 과정에서 니시다는 오히려 스스로를 낮추고 타자를 섬기는 절대자에 대해 오로지 말하고 있다. 여기에는 절대자의 본질은 절대무임과 동시에 진실의 사랑이며, 자비라는 깊은 성찰이 있다. 절대자가 스스로를 부정하는 그 사랑에서 우리들의 개체가 성립하고 있음으로 예리하게 지적한 것이다. 덧붙여서 저 '장소적 논리와 종교적 세계관'은 니시다의 가장 만년의 논문이지만, 선과 그리스도교와 진종의 궁극의 의미를 깊게 자기의 것으로 체득하여 그것으로부터 독자적인 종교철학을 세운 것이라 할 수 있다.

누구나 성불하는 세계

그런 이유로 여기에 오기까지 꽤 시간이 걸렸지만, 이상과 같다면 불교는 절대자를 인격적으로만 보는 것도 아니며, 비인격적으로만 보는 것도 아니라고 해야 할 것이다. 그것은 일신교가 아니고 또 그렇다고 해서 다수의 부처들을 설한다고 해도 보편적인 본성을 설하지 않는 것과 같은 단순한 다신교도 아니다. 또한 신들의 위계질서를 견지하고, 모든 것은 유일한 최고신에게 귀속하는 다신교도 아니다.

정토교의 아미타불은 신자에 있어서는 유일 절대와 같다고 해도,

대승불교 전체의 코스몰로지에서 본다면, 역시 다불(多佛) 중의 일불(一佛)에 다름 아니다.

실은 밀교는 마치 유일 최고의 신과 같은 대일여래를 설하고, 다른 아미타불 등의 네 부처를 그 대일여래 자신의 덕성을 표현하는 것이라 말한다. 실제 만다라에서도 그와 같이 표현된다. 그러나 밀교의 교리에 의하면 누구라도 개개의 삼밀가지(三密加持, 몸으로 印의 모양을 맺고, 입으로 진언을 외우고, 마음으로 삼매에 머물러, 대일여래의 신·구·의의 삼밀과 합일한다) 등을 통해서 대일여래로 성취해 가는 것이라 생각한다. 이때 유일한 대일여래에 다수의 개체가 융합해 버리는 것일까.

인도철학에서는 아트만과 브라흐만의 관계에서 이것이 문제가 되어 논의가 되었지만, 그 행방에 관해서 상세한 것은 모른다. 사견에 의하면 밀교에서 즉신성불하고 대일여래와 일체가 된다고 하는 것은 결국 개개가 각각 대일여래로서 실현하는 것이라 생각한다. 그 경우 결국은 다수의 대일여래가 존재할 수 있다고 생각된다. 무한한 반경의 원에서는 중심이 도처에 존재하는 것이 되지만, 개개의 대일여래가 게다가 각각 중심인 것이다. 이때 밀교라고 해도 보편적인 본성[공성]의 토대에 많은 개체적 존재가 성립한다고 하는 구조는 변하지 않는다고 해야만 할 것이다.

참고로 정토교에서 우리들이 아미타불의 본원력에 의해서 부처가 된다고 하는 것은 정토에 왕생하는 것에서 각 개체들이 보편적인 무량광에 융화하는 것은 결코 아니고, 역시 개개의 각각이 부처가 된다[무상각을 깨닫는다]는 것이라 생각된다. 그렇기 때문에 환상(還相, 정토에서 사바세계로 되돌아서 구제의 활동을 행하는 것)도 또한 시작하는 것이다. 앞의 『탄이초』의 말(149쪽)을 다시 상기해 보았으면 한다.

관용의 이유

이렇게 해서 불교에서 절대자라는 존재는 전적으로 초월적으로 우리들과는 별도로 존재하고 있는 것은 아니다. 적어도 상대가 곧 절대, 절대가 곧 상대라는 입장에서 절대를 발견하며, 그것이 가능한 것은 일반적으로 절대라고 생각되는 것이 공성이며 불수자성(不守自性, 자성을 고수하지 않는 것)이며, 그런 의미에서 무, 절대무(絕對無)이기 때문이다.

그런데 일반적으로 불교는 비인격적인 절대자[진리로서의 다르마]를 말하기 때문에 비교적 관용적인 종교라고 생각되었던 것은 아니었을까. 불교의 전체상을 모르고 있었던 서양에서는 그와 같은 사고방식도 그런대로 유력하게 존재하고 있는 것이 사실이다.

그러나 특히 대승불교에 국한할 경우, 지금까지 본 바와 같이 절대자에 상당하는 것은 어디까지나 인격적 존재를 무시하고는 생각할 수 없다. 가령 정토진종과 같이 때로는 유일한 인격적 존재의 절대자를 세워 그 신앙만으로 살아가는 경우조차도 있는 것이다. 그러나 그렇다고 해도 역시 불교는 비교적 관용적인 특질을 가지고 있다고 생각된다. 그렇다면 그것은 위에서 기술한 세계관에 근거하여 어떠한 요인에 의한다고 분석할 수 있을까.

첫째로 역시 개체적 존재로서 유일 절대의 존재는 고려되고 있지 않다는 점에 있다고 생각된다. 거기서는 원래 어떤 개체도 본질적으로 평등한 가치를 지니고 있으며, 그 다수의 개체 사이에 지배 − 피지배와 같은 관계는 없다. 개체는 소위 무한 반경의 원에서 중심과 같은 존재인 것이다. 어느 개체도 중심 그 자체이다. 이 세계가 무한의 반경을 가진 원에 비유될 수 있는 것은 궁극의 보편이 공성으로서 생각되고 있기 때문이다.

둘째로 그 보편적인 본성이 공성, 무자성성을 본질로 하기 때문에 유일한 절대 존재라는 것은 강조된 적이 없다. 이 결과 보편적 본성이 초월적 존재로서 생각되지 않고 오히려 현상세계 한 복판에서 발견되기 때문에 현상세계가 단순히 부정되어야 할 존재가 아니고, 그렇기 때문에 초월적 가치에 대한 복종을 강요당하는 일은 없다. 게다가 그 보편적 본성은 대상적으로 세워져야 할 것이 아니라 개개의 사람에 즉해서 개개의 사람의 주체성 속에서 발견되는 것으로, 그런 의미에서도 무(無)인 것으로 보아야만 하는 것이다. 사실을 말하면 이 세간의 일체의 현상이 진여·법성의 인연에 따른 것에 다름 아니다. 소위 보편적 본성은 공성으로서 스스로를 온전히 부정해야만 현상세계에 온전하게 성립하는 것이다. 어떠한 더러운 것에도 어떠한 악인 것에도 내려가는 것이다. 거기에 무한의 자비의 세계, 무한한 사랑의 세계가 존재한다.

셋째로 개체적 존재가 개별적으로 닫혀있지 않으며 보편적 본성을 통해서 다른 개체와 평등일체이며, 또한 다른 개체와 관계하며, 그 개체의 존재방식의 자각에서 스스로 타자에로의 사랑이 주제가 된다. 부처의 대지(大智)는 즉 대비(大悲)이며, 보살의 실천도 오로지 타자에로의 봉사인 것이다. 거기에 타자에 대한 고압적인 공격성이라는 것이 성립하지 않는다. 실은 불교에서는 모성의 등장이나 표현은 의외로 적고 오히려 부처는 자주 아버지로 등장한다. 아미타불도 국왕이었다. 어머니는 아니었다. 그러나 불교에 등장하는 아버지는 항상 자애로 충만한 존재이다.

또한 보살도는 보시에서 시작하며, 인욕을 포함한 바라밀[보시·지계·인욕·정진·선정·지혜]이 기본이고, 바로 타자에로의 사랑의 실천에서 시작하는 것이다. 이때 본래적인 타자에로의 관계 방식에 관해서는 가령, 『법화경』「법사품」에 "이 선남자, 선여인은 여래의 방으로 들어가 여래의 옷을 입고 여래의 좌석에 앉아 그래서 즉 응당 사부대중을 위해서 널리 이 경전을 설해야 한다. 여래의 방이란 일체중생 가운데 대자비심이 이것이다. 여래의 옷이란 유화인욕의 마음이 이것이다. 여래의 자리란 일체법의 공이 이것이다. 이 중에서 안주하여 그런 뒤에 게으르거나 나태하지 않는 마음을 가지고 여러 보살 및 사부대중을 위해서 널리 이『법화경』을 설해야 한다."라고 기술한다.(『法華經』中 岩波文庫, 1964年, 158項). 보살의 길은 일체법공을 근저로 하여 그러한 이유로 본래 유화·인욕의 자비의 길인 것이다. 그것도 자타평등성과 관계성이 분명히 보이고 있기 때문일 것이다.

이와 같이 불교가 보는 세계의 실상에서 관용의 정신은 저절로 성립하고 있다고 말할 수 있으리라 생각된다.

종교·종문 간의 대화를

　이상 대승불교를 중심으로 절대자의 존재방식을 찾으면서 몇 가지의 문제를 고찰해 보았다. 거기에는 단순한 인격적 절대자도 단순한 비인격적 절대자도 설해져 있지 않고, 독특한 세계관이 제시되었다. 그러나 독특하다고 하지만, 철학적으로 현상과 실재의 관계나 개체적 존재에로의 관점 등 뛰어난 것을 지니고 있었다. 그것은 절대무의 철학과 친밀하지만, 이것을 나는 포스트모던이라 생각한다.

　이 대승불교의 입장은 특정의 술어에 그치는 것이 아니라, 종교철학적으로 재해석하고 다른 종교에서의 절대자의 존재방식과 대화를 심화해 가는 것은 오늘날의 전 지구적으로도 지역적으로도 다원화된 상황에서 매우 중요하다고 생각한다. 불교와 그리스도교 등의 종교 간 대화도 그런대로 훌륭하게 행해지고 있지만, 간단하게 일치점을 찾는 것이 아니라 그 위에 더욱 더 종교철학적으로 상세한 규명이 필요할 것이다.

　동시에 일본에서는 불교 내부에서 종문(宗門)간의 대화가 보다 필요한 것은 아닌가라고 생각한다. 이렇게 말하는 것은 일본의 불교는 타종교에 대해서 대단히 관용적이라고 생각되지만, 실은 정토진종은 자기 입장의 종교만을 진실이라 생각하고 다른 종교는 거짓이나 삿된 것으로 간주하는 면도 있다. 한편 법화종(法華宗, 일련종)도 역시 자기 종교만 진실이라고 생각하고, 다른 종교를 비난하는 일도 있다. 정말로 명백한 대립이 불교, 특히 일본불교에 없는 것은 아니다. 이런 상황의 극복에 우리들은 손을 놓고 있어야 할 것인가. 일본불교의 관용성은 단지 타자에로의 무관심과 당면한 문제에 대한 알력의 회피에 지나지 않는 것인가.

불교와 그리스도교의 대화는 그리스도교의 자기해체도 마다하지 않는 방식으로 진행하고 있는 것이 실정이다. 불교측도 또한 그와 동등한 진정한 노력이 필요한 시점이라고 생각된다.

제6장 관계에 대하여

그 무한구조의 논리

❧ 제6장 관계에 대하여 ❧
그 무한구조의 논리

관계가 성립하는 기반

서양사상의 기본은 아마도 실체론(實體論)적 입장일 것이다. 실체란 스스로가 스스로의 존재를 지탱하는 것으로, 상주불변인 것을 말한다. 서양의 입장에서는 플라톤과 같이 이데아를 실체로 보던가, 데카르트와 같이 정신과 물질을 실체로 보던가, 혹은 자연과학과 같이 원자를 실체로 보던가와 같이 무엇을 실체로 보는가에 대한 차이는 있어도 세계의 근본에는 상주의 실체가 있다는 입장에 근거하고 있다.

그러나 오늘날 이데아와 같은 형이상학적 실체의 존재는 의심받고 부정되며, 혹은 원자도 그 근원에는 어떤 실체적 존재도 발견되지 않는 등 더 이상 실체론은 모든 면에서 붕괴되고 있다. 덧붙여 요소환원주의에 근거하는 과학과 그것에 의존하는 기술이 환경오염, 환경파괴를 가져오는 것으로부터 현재에는 오히려 전체성과 관계성으로 눈길을 돌리고 있다. 이렇듯 오늘날 현대 세계관은 실체적 존재를 부정하고, 관계론(關係論)적 세계관을 중시하는 입장이다.

그렇지만 불교는 그 출발에서부터 연기야말로 진리라고 설하는, 관계론적 입장에 서있었기 때문에 지극히 선진적(先進的)이었다. 실제

불교의 출발 당시 인도철학의 대부분은 역시 실체론적 세계관에 근거하고 있었다. 그러나 석존은 깨달음의 눈으로 보아 세계는 연기에 의해 성립하고 있다고 보았다. 실로 석존 깨달음의 확실성이 드러나는 것이라 할 수 있다.

더욱이 그 연기라는 것 곧 관계라는 것에 대하여 후에는 그것이 어떻게 성립하는가가 상세히 규명되고 있다. 오늘날의 세계관은 관계주의적으로 되어가고 있지만, 그 관계한다는 것이 어떠한 것인가에 대해서는 이론적인 규명은 이뤄지지 않고 있다. 단지 세계가 다양한 모습을 가진다고는 하지만, 그 내실은 어떤 것도 분석되지 않는다. 하지만 불교는 단순히 연기를 말하는 것이 아니라, 뒤에 보듯이 그 구조·논리를 상세히 해명하고 있다.

실제 관계라고 해도, 전혀 다른 것끼리는 관계하지 않을 것이고, 그렇다 해도 같은 것은 이미 같은 것인 까닭에 그다지 관계한다고 말할 수 없다. 예를 들어 같은 빨강과 빨강, 파랑과 파랑은 관계를 말한다 해도 그다지 의미가 없다. 그러나 빨강과 파랑, 노랑과 검정 등 다른 색깔과 색깔, 소리와 소리는 그 관계가 논의의 대상이 된다. 한편 색깔과 소리는 보통은 관계할 수 없을 것이다. 하지만 색깔과 소리는 무대나 오감 전체의 세계 등, 색깔과 소리가 함께 놓이는 동일한 곳에서는 서로 관계한다.

색깔과 색깔이 서로 관계하더라도 같은 파랑과 파랑이 관계한다고 말하기는 어렵다. 그러나 파랑과 노랑과 빨강은 거꾸로 관계할 수 있다. 그렇다고 한다면 관계가 성립할 수 있는 기반에는 어떠한 의미에서는 본성이 동일하다거나 혹은 다르다고 하는 구조를 볼 수가 있다.

이러한 것은 같으면서도 다른 것이라고 말할 수밖에 없다. 만약 그렇다고 한다면 여기에는 보통의 논리로는 기술할 수 없는 것이 예상된다. 한마디로 관계[연기]라고 해도 그렇게 간단치가 않다.

그러면 대체 불교가 진리인 것처럼 말하는 연기의, 그 본질은 어떠한 것일까. 이하 불교의 연기철학을 살펴보기로 한다.

당시 사회체제 비판

먼저 연기(緣起, pratītyasamutpāda)란 '연하여 일어나는 것' 즉 조건에 의해 생긴다는 것이지만, 일반적으로 이 연기는 단순히 인과관계의 의미가 아니라, 원인과 갖가지 연[여러 조건]이 합쳐져서 비로소 결과가 있다는 입장이다. 인(因)과 연(緣)이 합쳐져 과(果)가 있다는 것. 이것은 이미 앞에서 언급하였다.(41쪽 이하 참조) 이 입장에 서게 되면 세계의 현실은 초월적 주재자에 의해 조작되는 것도 아니고, 모든 것이 미리 결정되어 있다고 하는 운명론[결정론]에 의한 것도 아니며, 또 완전한 우연에 의한 것도 아니라고 하는 것이 된다. 반드시 인이 있는 것이지만 그러나 그것에 연이 동반하지 않으면 과가 없다고 하는 입장인 까닭에 이것은 참으로 현대적이다.

불교에서 연기의 사상사를 간단히 살펴보면, 이 말은 현존하는 최고의 불교문헌으로 알려진『숫따니빠다』에는 단 한 군데 다음과 같이 나타난다.

현자는 이와 같이 이 행위를 있는 그대로 본다. 그들은 연기를 보는 자이며, 행위[업]와 그 과보를 잘 알고 있다."(中村元譯, 『ブッダのことば』, 岩波文庫, 1984年, 141項)

곧 행위에는 반드시 그것에 어울리는 결과가 있다고 하는 것을 연기라 부른다. 이것은 사람들의 주체적 행위가 그 사람 자신의 존재를 결정해 간다는 것으로, 결코 출생에 의해 결정되는 것이 아니라는 것을 의미한다. 즉 당시의 사회체제에 대한 근본적인 진지한 비판을 동반하는 것이기도 하다.

불교에서는 이 행위에 의한 과의 성립이 현세에만 국한하지 않는다고 말한다. 그것을 석존의 깨달음과 깊은 관계에 있는 12연기설에서 볼 수가 있다. 즉 다음의 12항목이 연기를 이루어 윤회가 이루어진다 하는 설이다.

무명(無明)→행(行)→식(識)→명색(名色)→육처(六處)→촉(觸)→수(受)→애(愛)→취(取)→유(有)→생(生)→노사(老死)

여기서 각 항목에 대한 설명은 생략하지만, 그 개요는 무명이 근본에 있어 그것을 배경으로 행위를 하는 것에서 업을 만들고, 그로 인해 결국은 생사 윤회할 수밖에 없다고 하는 것이다. 설일체유부는 이 것을 3세에 걸친 2중의 인과로 설명하고 있지만, 그것에 대해서도 여기서는 생략한다.

"이것 있을 때 저것 있다" – 초기의 연기사상

이 12연기설을 일반화한 것이 다음의 정형구이다.

> 이것이 있을 때 저것이 있고, 이것이 생길 때 저것이 생긴다.
> 이것이 없을 때 저것이 없고, 이것이 없어질 때 저것이 없어진다.

『시중경(四衆經)』 등

이 구가 말하려고 하는 것도 본래는 어디까지나 12연기라는 특정의 관계성을 말하는 것이지만, 이렇게 표현하면 스스로 모든 사상(事象)의 방식을 표현한 것으로 이해할 수 있을 것이다.

이후에 어떤 과정이 있었는지 필자도 확실히 알 수는 없지만, 마침내 세계는 다르마의 연기에 의해 성립하고 있다고 생각하게 된다. 그 대표적인 것이 설일체유부의 연기사상이다. 이것도 앞에서 언급했지만, 설일체유부에서는 '상·일·주·재'의 아를 부정하고, '임지자성(任持自性)·궤생물해(軌生物解)'로서의 법(法)을 분석하여 5위75법[색법·심왕·심소유법·심불상응법·무위법]을 세웠다. 이들 제법은 '삼세실유, 법체항유'의 것이라고 하고, 그 가운데 유위법으로서 작용하는 연기에 의해 현상세계를 설명한다. 그 연기에서 말하는 인·연·과에 대해서는 6인[능작인·구유인·동류인·상응인·변행인·이숙인]·4연[인연·등무간연·소연연·증상연]·5과[사용과·등류과·이숙과·증상과·이계과]로 정리되었다. 이 6인·4연·5과의 분석은 그 후 연기사상의 기본을 구성하게 된다.

의식 위와 의식 아래의 상호 교섭 속의 세계 - 유식학파

대승불교 유가행파[유식학파]의 연기사상을 살펴보면 다음과 같다. 유식설에서는 8식[안식·이식·비식·설식·신식·의식·말나식·아뢰야식]을 세워 자기와 세계를 설명한다. 동시에 한편에서는 5위 100법을 세우지만 그것들의 다르마는 단지 심왕·심소유법의 제법을 말하는 것으로, 그 오직 심왕·심소라는 것이 유식이기도 하다. 각 식은 찰나멸[찰나찰나 생기고 없어짐]이며, 모든 알려지는 것은 식 가운데서 생겨나는 것이며, 아도 법도 상주의 실체적 존재가 아닌 것이다. 이 8식이 수행을 거쳐 4지[대원경지·평등성지·묘관찰지·성소작지]로 전환된 존재가 부처[붓다, 각자]이다.

안식에서 말나식에 이르는 7식은 칠전식(七轉識)이라 하여 아뢰야식 속에 저장되어 있는 종자로부터 생기한다. 생기한 것은 현행(現行)이라 불리며, 그것들은 곧바로 그 내용을 정보화하여 아뢰야식 속에 보존시킨다. 이것을 훈습(熏習)이라고 한다. 이 전식과 아뢰야식의 상호관계는 종자생현행(種子生現行)·현행훈종자(現行熏種子)라고 하며, 더욱이 이 양자는 동시에 생겨나는 것이라고 한다. 한편 아뢰야식 내의 종자는 다음 찰나에 생기는 종자에게 전해진다. 이것은 종자생종자(種子生種子)로 표현된다. 이들 즉 종자생현행·현행훈종자·종자생종자에 의해 아뢰야식 연기설이 구성된다. 간략하게 말했지만, 이것이 유식설 연기사상의 개요이다.

중요한 것은 의식 위와 의식 아래의 상호교섭 속에 우리들의 살아 있는 세계가 있다고 하는 것이다. 이 때 사물이란 동일적 감각의 연속적 생기에 대하여 주로 언어를 사용해 고정적으로 취한 것에 지나지 않고, 일체 아와 법의 공이 이러한 방식으로 설명된다.

　이 아뢰야식 연기설은 개개의 목숨, 개개의 존재에 있어 연기의 구조는 잘 설명하고 있지만, 자타 상호간의 연기에 대해서는 그다지 언급하고 있지 않은 것이 실정이다.

'무자성인 까닭에 공' – 중관파

　한편 같은 대승불교 내의 중관파 연기설을 보기로 한다. 중관파가 근거로 삼고 있는 『반야경』의 근본사상은 '연기인 까닭에 무자성, 무자성인 까닭에 공'이라고 할 수 있다. 연기하고 있는 이상 타자와 관계하여 비로소 존재하는 것인 까닭에 자신의 본체를 갖지 않는다. 자체는 없는 것[무자성]이다. 그런 까닭에 일체 법은 공이 되는 것이다. 관계성으로부터 비실체론으로 이어진다.

　단 중관파의 개조 용수『중론』의 첫 부분에 등장하는 '귀경게'에는 "생기는 것도 아니고 소멸하는 것도 아니며, 상주하는 것도 아니고 단멸하는 것도 아니며, 같은 것도 아니고 다른 것도 아니며, 오는 것도 아니고 가는 것도 아닌, 언어에 의한 분별[희론(戲論)]이 적멸한, 적정의 연기를 설하신 설법자 가운데 최고인 부처님에게 귀의합니다." 라고 되어있다. 여기에는 팔불중도(八不中道)의, 희론적멸(戲論寂滅)의 연기가 제시되지만, 그것은 더 이상 관계성이라기보다 관계성의 귀결로서의 승의제를 지적하고 있다고 할 수 있다. 관계성을 관계성에 있어서가 아니라 그 본질 혹은 본성상에서 이해한 것이라고 하면 좋을 것이다.

중중무진의 연기 - 화엄사상

이제 관계성은 오히려 무자성성[무실체성]으로 귀착해 버렸지만, 그 후 중국 당 시대에 성립한 화엄종에서는 일즉일체(一卽一切)·일체즉일(一切卽一), 일입일체(一入一切)·일체입일(一切入一)이라는 화려한 연기를 설하고, 또 사(事)와 사(事)가 무애하게 서로 융합한다[사사무애(事事無礙)]고 하는 중중무진의 연기를 주장하였다[여기에서 일이란 개물 혹은 개개의 사상을 말하는 것으로 전체로서의 하나인 것이 아닌 것에 주의할 필요가 있다]. 그것은 세계가 일단 희론적멸로 돌아가고, 그 위에 다시 한 번 관계성으로 되살아난 것을 기술하려고 한 것이라 할 수 있다. 여기에 불교 가운데서도 더욱 더 상세한 연기의 철학이 전개되고 있다. 그래서 이하이 화엄종 철학을 좀 더 상세히 살펴보면서, 관계성이라는 것의 갖가지 특질에 관해 심도 있게 살펴보기로 하자.

관계의 구조 분석

화엄종의 대표적인 문헌에 현수대사 법장의 저작인 『화엄오교장(華嚴五敎章)』이라는 저술이 있다. 화엄종 사상을 매우 잘 정리한 책으로, 옛날에는 아주 널리 읽혔던 책이다. 이『화엄오교장』의 제9장인 「의리분제(義理分齊)」라는 곳에 화엄종 입장의 세계관에 대한 해설이 있다. 특히 여기에 나오는 '십현문'(十玄門, 十玄緣起無礙法門義)과 '육상문'(六相門, 六相圓融義)에 화엄종에서 보는 사사무애법계의 논리가 상세히 해설되고 있다. 따라서 여기서는 주로 이 '십현문'과 '육상문'에 의거하여 관계라고 하는 것의 논리구조에 대해 화엄종의 입장을 살펴보기로 하자.

'십현문'에서는 관계를 본체를 달리하는 것에서 작용[용(用)]·본체[체(體)]의 관계, 본체를 같이 하는 것에서 작용·본체의 관계를 통해 규명하고 있다. 이렇게 말해도 그것이 무슨 말인지 모를 것 같아 조금 더 설명해 보자. 여기서 본체를 달리한다는 것은 서로 다른 것끼리, 본체를 같이 한다는 것은 어떤 하나의 존재 내부라는 의미이다. 본체를 달리하는 것이 다른 것으로서의 갑과 을의 관계라고 한다면, 본체를 같이 하는 것은 갑이라면 갑인 하나의 존재 내부에서 그 갑 자신과 을 등의 관계라는 것이 된다. 갑에도 그 자신 내부에 다른 을 등의 요소가 실제 내재하고 있다는 입장이다. 하나의 존재는 단지 한 가지로 정해져 있는 것이 아니라 실은 그 내부에 이미 다른 각종의 요소를 지니고 있는 것이다. 재미있는 사고방식이라고 할 수 있다.

한편 용과 체에 대해 말하자면, 용의 관계란 용에 있어서의 관계, 체의 관계란 존재 그 자체의 관계를 말한다. 즉 작용의 시점, 존재의 시점이라 해도 좋을 것이다. 이렇게 해서 '십현문'에서는 본체를 달리하는 것[이체(異體)]·본체를 같이 하는 것[동체(同體)]의 체·용이라는 시점에서 관계의 존재방식을 분석·해명하여 화엄의 사사무애라는 관계,

중중무진 관계의 논리구조를 제시하고 있다.

　더욱이 본체를 달리하는 용의 관계는 '상입(相入)'이라 하고, 본체를 달리하는 체의 관계는 '상즉(相卽)'이라 한다. 이런 말도 아무렇지도 않게 사용될 수 있지만, 엄밀히는 그러한 구별도 있다. 마찬가지로 세밀하게 말하면, 본체를 같이하는 용의 관계는 '일중다(一中多)·다중일(多中一)'이며, 본체를 같이하는 체의 관계는 '일즉다(一卽多)·다즉일(多卽一)'이다. 하여튼 용의 관계는 상입, 체의 관계는 상즉이라고 기억해 두면 좋을 것이다. '십현문'은 이러한 순서로 각각 관계의 논리를 10개의 동전을 헤아리는 방식을 사례로 들어 설명한다. 10개의 동전을 헤아린다고 해도 사실상 1에서 10까지의 수를 헤아리는 것 중에서 생각한다면 좋을 것이다. 여기서 그 10개의 동전을 헤아린다고 하는 것은 어떠한 것인가, 『화엄오교장』에 따라 이해해 보도록 하자. 그런데 『화엄오교장』에는 향상문(向上門)과 향하문(向下門)이라는 두 가지 관점이 제시되어 있다. 향상문은 1에서 10으로 위로 올라가는 방향, 향하문은 10에서 1로 아래로 내려가는 방향을 의미한다.

"1이 없으면 10은 성립할 수 없다" – 향상문

　그 일례로 먼저 이체의 용의 관계를 살펴보자.

　　처음은 위로 향하는 수[향상수(向上數)]의 십문(十門)이다. 1은 1이니 근본
　　이 되는 수[본수(本數)]이다. 무엇 때문인가? 연(緣)으로 이루어졌기 때문

이다. 나아가 10이란 것도 1 가운데의 10이니 무엇 때문인가? 만약 1
이 없으면, 곧 10이 이루어지지 않기 때문이다. 1은 곧 완전히 힘이
있기 때문에 10을 융섭하는 것이다. 그러니 10은 1이 아니다. 나머지
의 아홉 문도 또한 이와 같아서 하나하나에 모두 10이 있으니, 예를
든 것을 준거하면 알 수 있다.

앞에서도 말했듯 향상수란 1에서 2, 3, 나아가 10으로 위로 향하여
헤아려간다는 것을 의미한다. 십문이 있다는 것은 먼저 본수(本數, 근
본의 수)를 1로 설정하여 그것과 다른 2로부터 10까지의 수[말수(末數)]와
의 관계를 관찰하고, 다음에 본수를 2로 설정하여 그것과 다른 말수
[이 경우 1 및 3 내지 10]과의 관계를 관찰하고, 그와 같이 본수 1로부터 10
까지 각각 설정하여, 그것과 다른 수와의 관계를 관찰해 가는 것에
의해 십문이 되는 것이다.

그런데 처음에 1을 본수로 하였다. 본수라고 하는 것은 다른 것에
대하여 근본이 되는 수라는 것이다. 혹은 기준[기본]으로 설정한 수라
고 해도 좋을 것이다. 왜 1을 근본으로 하여 다른 말수와의 관계를 볼
수 있는 것일까. 그것은 1이 1로서의 자체, 1로서의 본체, 1로서의 자
성을 갖듯이 1 이외에는 어떤 것도 될 수 없는 것과 같은 그러한 일이
아니라 다른 것과의 관계 속에서 성립하는 그런 의미에서 무자성(無自
性)의 1인 까닭이다. 항상 불변의 본체를 갖는 실체적 존재로서의 1이
아니라, 무자성인 까닭에 다른 것과 관계하는 것으로서 1이다. 그 무
자성을 본질로 하고 있는 것을 여기에서는 '연성(緣成)'이라고 한 것이
다.

일반적으로 연성이란 연기소성(緣起所成)을 의미할 것이다. 곧 연기에 의해 성립한 것, 다른 것에 의해 만들어진 것이라는 의미이다. 1도 다른 수로부터 만들어진 성질을 가지고 있는 것이고, 다른 것과의 관계 속에서 1일 수 있는 것이다. 곧 이것은 2와 3 … 과의 관계 속에서 2와 3 … 은 아닌 것으로의 1이며, 또 2로부터 1을 빼어 1을 만들 수도 있고, 내지 10에서 9를 빼어 1이 만들어 질 수 있기 때문에 연기소성의 1이라고 할 수 있는 것이다. 또 동시에 1이 연이 되어 2를 이루며, 1이 연이 되어 3을 이룬다고도 할 수 있다. 이 경우의 연성은 연기능성(緣起能成)이라고 할 수도 있다. 이것도 1이 실체적 존재가 아닌 까닭에 연이 되는 것에 있어 다른 수와 관계해 갈 수 있는 것이다.

이리하여 다른 연으로부터 성립하는 것, 연이 되어 다른 것을 성립시키는 것, 곧 소성(所成)·능성(能成)을 포함하여 연성이 이루어지는 것이다. 그와 같은 1인 까닭에 1이 본수가 될 수 있는 것이다. 이것은 뒤에서 보듯이 1에만 한정되지 않는다. 1부터 10까지 모든 수가 지금과 완전히 동일한 특질을 갖고 있는 것이다.

다음에 '내지 10에는 1이 그 가운데 10'이라고 하였다. 내지라는 것은 1을 본수로서 다음에 그 1과 2의 관계 즉 1이 그 속에 2를 보고, 그 다음 1과 3과의 관계 즉 1이 그 가운데 3을 보고, 이렇게 순차로 1이 그 가운데 10까지 관찰해 가는 것으로, 그 가운데 1의 본수와 2부터 9까지의 말수와의 관계는 생략했다는 것을 나타낸다. 본래는 "1이 그 가운데 2. 왜냐하면 만약 1이 없으면 곧 2가 성립하지 않는 까닭에. 곧 1에 전력이 있고 고로 2를 포섭한다. 곧 2로서 1은 아니다."라는 것이 있는 것으로, 나아가 동일하게 1이 그 가운데 3, 4, 5…로 관찰해 가는 것이다.

이렇게 하여 마지막으로 1과 10의 관계를 보게 될 때 '1이 그 가운데 10'이라고 보는 것이다. 곧 본수인 1 가운데 말수인 10이 들어와 있다고 보는 것이다. 이것은 무슨 의미일까.

그 설명이 "만약 1이 없으면 곧 10은 성립할 수 없기 때문이다. 곧 1에 전력(全力)이 있고, 고로 10을 포섭한다."인 것이다. 1이 없으면 10은 성립할 수 없다. 1이 있는 까닭에 10이 성립할 수 있다. 이것은 이해가 될 것이다. 곧 1이 유력(有力)인 까닭에 10은 무력(無力)이 되는 것이다. 이 때 무력인 것은 유력인 것에 포섭된다. 이것은 화엄의 논리에 있어 중요한 한 가지 요점이라 할 수 있다. 포섭한다고 해도 물리적으로 포섭하는 것은 우리들 범부의 눈에는 보이지 않는다. 그러나 육안으로는 보이지 않더라도 거기에 유력·무력의 관계가 있을 때는 무력인 것은 유력인 것에 포섭되는 것이라고 하는 것이다. 이것은 말하자면 논리적인 관계라고 할 수 있을 것이다. 그러나 이 보이지 않는 관계는 확실히 성립하고 있다.

이렇게 유력의 1[본수]은 무력의 10[말수]을 포섭하게 된다. 이것을 10은 1 가운데 들어있다고 하는 것이다. 이렇게 하여 '1 그 가운데 10'이 성립한다. 물론 이것과 완전히 같은 논리로 일 가운데 2도 있고, 3도 있고, … 라는 것이 된다. 결국 유력의 본수는 다른 무력의 말수 전체를 포섭하고 있는 것으로, 달리 말하면 본수 중에 말수가 들어와 있다고 하는 것이다.

하지만 이 뒤에 "곧 10으로서 1은 아니다"라고 한다. 이것은 10이 1에 포섭되고, 또 1에 들어있다고 하여, 10이 없어져 버리고 1만이 있다고 하는 것은 아니라는 의미를 나타낸다. 따라서 이체의 관계도 성립하는 것이다. 동시에 10은 1에 들어있는 것과 같은 것이기에 10일 수 있는 것이기도 하다. 곧 10도 10으로서의 자체, 본체, 자성이 있는 10이 아니라, 연기소성의 10인 까닭에 10일 수 있는 것이다.

"나머지 구문도 또 이와 같이 하나하나에 모두 10이 있다. 예에 따라 알아야 한다."란, 본수를 2부터 10까지 아홉의 각각으로 설정하여 관찰하는 경우도, 본수의 설정과 그 본수와 말수의 관계를 합쳐서 10의 관찰을 한다는 것이다. 이것을 1을 본수로 한 경우를 예로서 이해해야 할 것이란 의미이다.

유연한 시점 – 향하문

다음에 향하수[향하문]의 관찰 방식에 대한 설명이 이어진다. 향하문이란 앞에서도 약간 언급하였지만, 본수를 먼저 10으로 설정하고, 거기에서 그 본수의 10과 다른 말수의 9, 8, 7 … 의 관계를 관찰하고, 다음에 9를 본수로서 다른 말수와의 관계를 관찰하며, 이와 같이 하여 본수를 10으로부터 1로 내려가는 관찰을 말한다. 이때의 논리는 앞에서와 동일하다. 단지 이때 먼저 최초의 관찰에서 10이 없으면 다른 말수가 있을 수 없다고 하는 것은 약간 이해하기 어려운 점이 있을 런지도 모른다. 그러나 10이 있을 때 그 10에서 1, 2 내지 9를 빼면 9, 8, 내지 1이 성립하는 것도 사실이다. 이러한 상호관계가 있을 때 1부터 10까지의 속에서 어떤 수가 중심, 기준이라고는 말할 수 없고, 또 어떤 수도 중심이 될 수 있다고 보는 것은 충분할 것이다. 선입견과 편견을 떠나면, 1부터 10까지의 수 가운데서 어떤 것을 중심으로 보아도 좋을 것이다. 그와 같은 유연한 시점, 고정적이지 않은, 쌍방향적[오히려 다 방향적]인 시점에 자유롭게 서는 것에 화엄의 화엄으로서의 특질이 있다고 생각해야 할 것이다.

이렇게 하여 10[본수]이 없으면 1[말수]도 있을 수 없고, 10이 있어서 비로소 1이 성립한다고 하는 관계가 보인다. 이때 10[본수]이 유력, 1[말수]이 무력이라는 관계가 성립하게 된다. 무력의 1은 유력의 10에 포섭되며, 유력의 10에 들어간다. 단 이 향하문에서는 약간 표현을 달리한다. 곧 앞의 향상수의 설명에서는 "곧 1에 전력이 있어 그 까닭에 10을 포섭한다."라고, 유력의 본수가 무력의 말수를 포섭한다는 설명이었다. 그러나 이 향하수의 경우는 "곧 1, 전력이 없어져 10으로 돌아가는 까닭에"라고, 무력의 말수가 유력의 본수로 돌아간다는 곧 들어간다고 설명하고 있다. 같은 것을 여기에서는 말수 쪽에서 보고 설명하고 있다. 역시 본수가 말수를 포섭하는 것과 말수는 본수에 들어가는 것, 그 양쪽이 서로 어울려 현실을 충분히 설명하는 것으로부터 이와 같이 표현을 약간 바꾸는 것도 의미 있는 것이라 할 수 있을 것이다.

이렇게 말수의 1은 본수의 10에 들어가 버리지만, 그렇더라도 "곧 1로서 10은 아니다"라고 분명히 말하고 있다. 이것에 의해 10과는 달리 1이 보전되고 있는 것, 지금의 관계가 이체의 관계인 것, 1은 자성을 갖는 1이 아닌 것이 설명되고 있다. 이것은 앞의 향상문과 동일할 것이다. 물론 이 향하문에서 본수를 9, 8, 등으로 하고 있을 때도 그 관계의 방식, 논리구조는 완전히 동일하다.

상즉의 논리

이 뒤에는 이체의 체의 관계가 설해지고 있는데, 그 핵심을 간단히 설명하면 다음과 같다. 가령 갑과 을이 어디까지나 관계 속에서 성립하고 있을 때, 을이 관계 속에 들어갈 수 있다고 하는, 그 자성을 갖지 않는, 무자성인 것인 까닭에 갑은 갑으로서 성립한다. 즉 유(有)인 것으로서 성립할 수 있는 관계가 보여 진다. 물론 그 반대도 동시에 성립하여, 갑이 무자성인 까닭에 타자와 관계할 수 있는 방식에 의해서 을이 유인 것으로서 성립할 수 있게 된다. 이렇게 하여 관계 속에서 성립하는 갑과 을에 있어서는, 을의 무에 있어서 갑의 유가 성립하고, 동시에 갑의 무에 의해 을의 유가 성립하게 된다. 앞에서는 을은 무가 되어 완전히 유인 갑에 포함되며, 뒤에서는 갑은 완전히 무가 되어 을인 유에 포함되는 관계를 볼 수 있는 것이다. '본다'고 해도 좀처럼 이 관계를 확인할 수는 없을 것이지만, 실은 이러한 논리적 관계가 엄연히 존재하고 있는 것이다. 이것이 상즉의 논리이다.

화엄에서는 연기라는 것의 내용을 여기까지 천착하고 있는 것이다. 더욱이 본체를 같이 하는 용의 관계·체의 관계가 동일하게 10개의 동전을 헤아리는 사례로서 설명되고 있지만, 이상 관찰의 논리가 이해된다면, 뒤는 그 응용인 까닭에 더 이상은 생략하기로 한다.

십현문의 내용

이들 관계의 논리구조에 대한 분석을 바탕으로 소위 십현문(十玄門)이 설해진다. 거기에도 관계의 방식에 대한 갖가지 관점이 있는 것으로, 여기서는 간단히 소개하기로 한다. 다시 한 번 더 말하지만 여기에 나오는 '일'이란 개물 혹은 개개의 사상을 말하는 것으로, 전체로서의 일은 아닌 것이다.

1. 동시구족상응문(同時具足相應門)

총체적으로 들어가는 문. 이체(異體)·동체(同體), 상입(相入)·상즉(相卽)의 전체와 통한다. 다른 9문을 모두 구족한다. "이것은 해인삼매에 의지해, 자연스레 동시에 현현한다."

2. 일다상용부동문(一多相容不同門)

일과 다는 서로 상입상섭(相入相攝)하며, 일 가운데 다가 들어가고 다 속에 일이 들어가 서로 방해됨이 없고, 더욱이 일은 일, 다는 다로서 일과 다의 체는 같지 않은 것을 말한다.

3. 제법상즉자재문(諸法相卽自在門)

일체 제법이 일즉일체(一卽一切)·일체즉일(一切卽一)로 원융무애 자재한 것을 말한다. 이것에 대하여 특히 초발심의 보살 즉 부처를 깊이 고찰한다.

4. 인다라미세경계문(因陀羅微細境界門)

앞의 제2·제3은 일중(一重)의 상즉·상입이지만, 여기서는 상입에 관하여 중중무진인 것을 말한다. 인다라란 제석천으로서 그 궁전에 장식의 그물이 걸려있다. 그 한량없는 그물눈에 한량없는 보물이 걸려있어 그 보물이 서로를 비쳐 밝게 또는 어둡게 서로를 나타내며 중중무진하지만, 그것들은 어지럽지 않게 서로를 분명히 드러내고 있다.

5. 미세상용안립문(微細相容安立門)

소(小)에 대(大)가 녹아들고 일(一)에 다(多)가 녹아들며, 더욱이 일다(一多)가 파괴되지 않는 상입(相入). 상용(相容)의 상(相)은 밝은 달이 떠 서로를 밝히는 모양과 같이 일방향적(一方向的)인 상이다.

6. 비밀은현구성문(秘密隱現俱成門)

나는 부모에 대하면 자식이고 동생에 대하면 형이고, 처에 대하면 남편 등등 각각의 이름과 자격이 한 몸에 있어 감추고 드러나는 은현(隱顯)이 동시에 이루어진다.

7. 제장순잡구덕문(諸藏純雜具德門)

일체(一切)가 일(一)일 때, 일(一)을 순(純)이라 이름하며, 그 일(一)에 일체의 차별을 포함하는 것을 잡(雜)이라 한다. 만행(萬行)이 일행(一行)에 있는 그것이 순, 일행에 만행이 갖추어지는 그것이 잡, 또는 덕을 갖춘 것이다. 순과 잡이 동시에 이루어진다.

8. 십세격법이성문(十世隔法異成門)

시간과 관련해 상즉무애(相卽無碍)·상입무애(相入無碍)의 이치를 설한다. 일념(一念)과 구세(九世, 3세 각각에 3세가 있는 것)로 십세(十世). 10세는 각각 달라 구별이 있지만, 그것들이 상즉·상입하고 더욱이 전후·장단의 양상을 잃지 않는 것을 말한다.

9. 유심회전선성문(唯心廻轉善成門)

연기의 근본을 밝힌다. 유일진여(唯一眞如)·일여래장(一如來藏)·자성청정심(自性淸淨心)이 전변하여 훌륭히 연기의 제법을 성립시키는 것을 말한다. 진여·자성청정인 채로의 전변으로, 이것을 성기(性起)라고도 한다.

10. 탁사현법생해문(託事顯法生解門)

비유에 의해서 중중무진의 존재방식을 밝힘과 함께 유즉법(喩卽法)을 설한다. 경에 보(寶)·왕(王)·운(雲) 등을 설하는 것은 제법이 존귀함을 표현하기 위해 보라 하며, 제법의 자재를 표현하기 위해 왕이라 하며, 제법의 이익 공덕을 표현하기 위해 운이라 하여, 더욱이 이것들의 비유 그 자체가 중중무진의 존재방식인 것이다.(以上 湯次了榮, 『華嚴五敎章講義』龍谷大學出版部, 1927年, 580項 以下 參照.)

육상원융의의 연기관

화엄사상에 있어 연기의 분석과 해석은 이상과 같이 상당히 세밀하지만, 또 하나 대단히 흥미 깊은 해명을 볼 수가 있다. 그것은 '육상문' 즉 육상원융의(六相圓融義)이다. 여기에서도 또 사사무애법계의 논리구조가 십현문과는 다른 형태로 설명된다. 이 설은 하나하나의 사물에 총상(總相)·별상(別相)·동상(同相)·이상(異相)·성상(成相)·괴상(壞相)이라고 하는 여섯 개의 상이 갖추어져 있음을 밝히고 있다.

먼저 이 6상의 의미를 살펴보면, 총상이란 갖가지 구성요소에 의해 하나의 전체가 성립하고 있는 그 전체의 것, 별상이란 그 갖가지 구성요소가 전체와는 구별되는 것, 동상이란 갖가지 구성요소가 동일한 하나의 전체에 관련하고 있는 것, 이상이란 갖가지 구성요소가 서로 다른 것, 성상이란 갖가지 구성요소가 서로 관계하고 있는 것, 괴상이란 갖가지 구성요소가 각각의 자기 자신인 것이다. 이것이 매우 알기 쉽게 집을 예로 들어 설명되고 있다. 처음에 총상에 대하여 다음과 같이 말한다.

【문】무엇이 총상인가?
【답】집이 총상이다.

집을 예로 들어 처음에 그 총상이란 무엇인가를 묻고 있다. 물론 집 전체가 총상이라고 누구나 생각할 것이다.

【문】이는 다만 서까래 등의 여러 인연일 뿐인데, 어떤 것이 집이란 말인가?
【답】서까래가 곧 집이다. 어째서인가? 서까래가 온전히 혼자서 능히 집을 만들기 때문이니, 만약 서까래를 여읜다면 집은 이루어지지 않고, 만약 서까래를 얻는다면 곧 집을 얻을 수 있다.

집이 전체의 총상이라고 답하는 대신 그것은 서까래 등 갖가지 재료의 집합에 지나지 않는다고 하고 전체로서의 집은 무엇인지를 답하지는 않는다. 대체 전체로서의 집이란 무엇인가하고 다시금 묻는다. 서까래는 지붕을 받치는 목재로 지붕 밑에 일렬로 늘어선 것이지만, 여기서의 요점은 재료 중의 하나로 기둥이나 대들보 등 어느 것이라도 좋은 것이다.

이것에 대해 하나의 서까래가 집이라는 전체라고 말하고 있는 것이다. 소위 구성요소인 하나가 전체 그 자체라고 하는 것이다. 대체 무엇을 말하고자 하는 것일까. 집은 서까래 하나라도 없으면 완성되지 않는다. 그 하나의 서까래가 있어야 집은 완성된다. 곧 집의 완성은 바로 그 하나의 서까래와 관련이 있는 것이다. 거기에서 그 서까래 하나가 집 전체를 만든다고 하는 것이다. 따라서 서까래가 집과 다름 아닌 것이다.

【문】'만약 서까래가 온전히 홀로 집을 만든다면'이라는 것은 아직 기와[瓦] 등이 있지 않은 것인데, 또한 응당 집을 만들게 되는가?

【답】아직 기와 등이 있지 않을 때에는 서까래가 아니기 때문에 만들어지지 않는 것이지 서까래이면서 능히 만들지 못함을 말하는 것은 아니다. 지금 '능히 만든다'고 한 것은 단지 서까래가 능히 만듦을 논한 것이지, 서까래 아닌 것이 만드는 것을 설한 것은 아니다. 어떤 이유에서인가? 서까래는 곧 인연이니, 아직 집을 이루지 못하였을 때를 말미암으면 인연은 없기 때문에 서까래가 아닌 것이다. 만약 서까래라면 마침내 온전히 이룰 것이나, 만약 온전히 이루지 못한다면 서까래라고 이름하지 않을 것이다.

그러면 서까래 하나가 집을 이루는 것이라고 한다면, 기와 등이 없을 때라도 그 서까래 하나로 집 전체를 이룬다고 할 수 있을까. 이 물음에 대해서는 다음과 같이 답변하고 있다. 서까래라는 것은 집의 구성요소로서의 이름이다. 그것은 집의 내부에 놓여서야 비로소 서까래라 불리는 것이다. 하지만 아직 기와 등이 놓이지 않은 소위 건축 중인 집은 집으로서 완성되지 않은 아직 집이 아닌 것이다. 집이 아닌 상태에 있는 서까래는 본래 아직 서까래라 불릴 수 없고 단지 하나의 목재에 불과하다. 서까래가 아닌 것이 집을 이룬다고 말하는 것이 아니다. 그러나 서까래라면 집을 이루는 것이다. 거꾸로 집을 이루지 않는 것은 서까래가 아닌 것이다. 이렇게 교묘히 말을 돌리고 있다.

하나의 서까래 없이 집은 없다

이것에 대해 다른 각도에서 질문이 이루어진다.

【문】만약 서까래 등의 여러 인연이 각각 적은 힘을 내어서 함께 만들었지만, 온전히 만들지는 못했다면 어떤 과실이 있는가?

【답】단상(斷常)의 허물이 있다. 만약 온전히 이루지는 않고 단지 적은 힘만을 썼다면 여러 인연이 각각 적게 힘쓴 것인데, 이것은 단지 여러 개의 적은 힘일 뿐이지 하나의 온전한 집을 이룰 수 없기 때문에 이것은 단(斷)이다. 여러 인연이 적은 힘을 아우르지만 모두 온전히 이룰 수 없는 데도 온전한 집이 있다고 집착하는 것은 인 없이 있는 것이기 때문에 상(常)이다. 만약 온전히 이루지 못한다면, 하나의 서까래를 빼었을 때 집은 오히려 있겠지만 그 집

은 이미 온전히 이룰 수 없는 것이기 때문에 약간의 힘을 온전히
아울러서 이룬 것이 아님을 아는 것이다.

서까래 등의 갖가지 목재는 집 전체를 만드는 것이 아니라 각각 자
기 자신을 만들 뿐[적은 힘, 少力]으로 그것들이 합쳐져서 집을 만드는
것이라고 보아서는 안 되는 것인가 하고 묻는 것이다. 이 물음에 대
해서는 단·상의 과실이 있다고 한다. 자기 자신을 만드는 것밖에 따
로 힘을 발휘 못한다는 것은 전체를 만들지 못하는 것으로서, 그렇다
고 한다면 제 각각의 목재가 있는 것뿐으로 전체는 성립하지 않는 것
이 된다. 이것을 단의 과실이라고 한다. 한편 그와 같이 집의 전체가
성립하지 않는데 더욱이 집이 있다고 한다면, 없는 것을 있다고 하는
것이기 때문에 상의 과실이 되는 것이다. 나아가 본래 여러 목재가
전체에 관여하지 않고 자기 자신 것에만 관여하는 것이라면 그 하나
의 목재를 없애더라도 집은 여전히 있게 될 것이라는 사고방식의 모
순을 지적한다. 그러나 하나의 목재라도 없다면 집 전체는 성립하지
않는 까닭에 자기 자신 것만이라는 것은 있을 수 없는 것이다.
　그렇더라도 하나의 서까래 정도 없어도 집은 있을 수 있는 것은 아
닌가라는 소박한 의문을 가질 수 있는 것은 아닌가.

【문】하나의 서까래가 없을 때라도 어찌 집이 아니겠는가?
【답】단지 파손된 집일뿐으로 완전한 집은 아니다. 고로 완전한 집은
　　온전히 하나의 서까래에 속함을 아는 것이니, 이미 하나의 서까
　　래에 속하기 때문에 서까래가 곧 이 집임을 아는 것이다.

하나의 서까래 정도가 없어도 집이라고 보아도 좋은 것은 아닌가라는 물음에 대하여 그것은 파사(破舍) 즉 불완전한 집이며 호사(好舍) 즉 완전한 집은 아니라고 한다. 그런 까닭에 완전한 집은 한결같이 하나의 서까래에 속한다. 그런 까닭에 하나의 서까래가 집 그 자체와 다름없는 것이라고 결론을 내린다.

이렇게 하여 하나의 서까래가 집이라고 하는 논리가 설명된 것이다. 갖가지 구성요소의 하나하나가 각기 전체와 같다고 하는 극히 흥미 깊은 논리가 해명된 것이다. 부분은 전체에 다름 아니다. 이러한 논리는 단순히 요소환원주의를 훨씬 초월한 대단한 현대적인 논리가 아닌가.

기와도 하나의 서까래

그 뿐만 아니라 어떤 재목과 집 전체의 관계를 토대로 다음에 이 집 속에 있는 재목과 다른 재목의 관계를 고찰해 간다.

【문】집이 이미 곧 바로 서까래라면, 나머지 재목과 기와 등도 응당 곧 바로 서까래인 것인가?
【답】모두 아울러 서까래이니, 어떤 이유에서인가? 서까래를 빼내면 집은 없기 때문이다. 그렇게 되는 까닭은 만약 서까래가 없다면 집은 무너지고 집이 무너지므로 재목과 기와 등이라 이름할 수 없기 때문이니, 재목과 기와 등도 곧 바로 서까래인 것이다. 만

약 서까래가 아니라고 한다면 집은 이루어지지 않고, 서까래와 기와 등도 아울러 모두 이루어지지 않으니, 지금 이미 아울러 이루어졌기 때문에 상즉함을 알뿐이다. 하나의 서까래가 이미 그러하니, 나머지 서까래도 예를 들면 그러하다.

질문은 집 전체가 하나의 서까래라고 한다면 서까래 이외의 재목이나 기와 등의 다른 것도 그 하나의 서까래인 것이 되는가라는 것이다. 이것에 대한 대답을 내 나름대로 번역하면 다음과 같다.

모든 다른 재목은 그 하나의 서까래이다. 왜냐하면 하나의 서까래가 없으면 집은 성립하지 않기 때문이다. 그 이유는 만약 하나의 서까래가 없으면 집은 성립하지 않는다. 집이 성립하지 않는데 거기에 어떤 재목이나 기와 등으로 이름 붙일 수가 없다[그것들 재목도 집안에 자리 잡고 있고서야 비로소 그 재목의 이름이 붙고, 그 재목이 되는 것이다. 따라서 재목이나 기와 등이 실로 재목이나 기와일 수 있기 위해서는 집이 성립하지 않으면 안 되고, 집이 성립하기 위해서는 하나의 서까래에 달려있는 것이다]. 이런 까닭에 기와 등은 하나의 서까래에 달려있는 것으로 곧 기와 등은 하나의 서까래 그 자체인 것이다. 만약 기와 등이 하나의 서까래라는 관계가 성립하지 않는 경우[각각의 것은 소력만의 것이기도 하며], 집도 성립하지 않게 된다. 집이 성립하지 않는다면 서까래도 기와도 성립하지 않게 된다. 그러나 지금 집을 보면 서까래도 기와도 또 집 그 자체도 성립하고 있다. 그런 이상 재목이나 기와 등은 서까래와 상즉하고 있는 것이다. 이 관계는 하나의 서까래에서만 성립하는 것은 아니다. 어떤 서까래도 어떤 재목도 이와 같은 관계에 있는 것이다.

이렇게 하여 어떤 구성요소와 전체가 하나일 뿐만 아니라 어떤 구성요소와 다른 구성요소도 서로 상즉하고 있는 것이다. 이것이 실로 사사무애법계의 논리인 것이다.

화려한 논리 구조

이상의 이유로부터 관계를 맺어야 할 일체 연기의 존재에 그 관계가 성립한다고 한다면, 그것은 서로 상즉융합으로 무애 자재한 완전의 극치로서 우리들의 분별로는 알기 어려운 상상을 초월한 세계이다. 화엄이 설하는 법성연기(法性緣起)의 세계는 모두 그와 같은 것으로, 그것에 준하여 알아야 한다고 마무리 짓고 있다.

육상문은 이 뒤에 다른 별상 등의 다섯 가지 상이 설해지지만, 흥미 깊은 논리를 설명하고 있는 곳은 이 총상에 집중되어 있다고 생각된다. 따라서 이 뒤는 생략하기로 한다. 단 이 육상문의 끝에 있는 시의 내용만 보기로 한다.

모든 구성요소는 일치하여 동일하게 하나의 전체를 만드는 것이 동상,
그러나 모든 구성요소가 역시 각각 다른 것이 이상,
전체와 모든 구성요소가 서로 관계하며 전체를 성립시키고 나아가서
구성요소인 것도 성립시키는 것이 성상,
그리고 모든 구성요소가 각자의 방식을 지키고 있는 것이 괴상이다.
본래 화엄에서 설하는 사사무애법계의 광경은 불지(佛智)에 의해 비로

소 알려지며 범부의 분별지로는 알 수 없는 것이다. 이 소식을 통찰
시키기 위해 이것들 육상이 동시에 원융무애하게 성립하고 있는 것
으로서 관법의 기준을 삼고 일승의 깨달음에 들어가는 방편으로 삼
는 것이다.

이상 교리적인 내용에 너무 깊게 들어간 듯하지만, 이와 같이 화엄
종에서는 연기의 논리적 관계에 대해 깊이 해명하고 있다. 이러한 관
계가 실로 중중무진인 것은 1부터 10까지 불과 열 개의 수 가운데서
도 말하고 있다. 이것도 1 가운데 1부터 10까지가 있다고 하고 그 각
각에 또 1부터 10까지가 있고 또 그 각각의 1 속에 1부터 10이 있다는
식으로 무한의 것이 되기 때문인 것이다. 실로 눈이 휘둥그레지는 존
재론이다. 집 하나 속에도 그와 같이 깊은 화려한 논리 구조가 있는
것을 파헤치고 있는 것이다.

관계주의적 세계관

불교라는 것은 연기＝관계성이라 하여 그 이상 어떤 것을 설하지
않는 것은 아니다. 관계주의적 세계관이라 하더라도 단지 관계라고
만 하면 그것으로 실체론을 극복하게 되는 것은 아니다. 역시 관계라
고 하는 이상 그것이 어떠한 것인지 어떻게 성립하는 것인지 치밀하
게 규명하여 그것의 본질, 그 의미를 분명히 해야만 한다. 불교는 그
것을 철저하게 수행해 가고, 철학으로서 철저히 살펴가는 것이다. 그

것은 현대의 관계주의적 세계관 속에서도 한층 더 깊고 명석한 것이라 생각되는 것이다.

제7장 시간에 대하여

절대 현재의 시간론

❀ 제7장 시간에 대하여 ❀
절대 현재의 시간론

세계라는 말

자주 세계라는 말을 사용한다. 세계라고 하면 지구상의 모든 나라를 생각할 뿐 아니라 하나의 질서 있는 존재의 확장이 떠오르기도 한다. 즉 어떤 공간으로서의 영역을 마음에 그리는 일이 많을 것이다. 그러나 세계라는 말은 본래 불교에서 나온 말로, 세(世)는 시간을 의미하며, 계(界)는 공간을 의미한다. 가령 과거세·미래세·현재세와 삼세(三世)라고 하기도 한다. 그와 같이 세[로카, loka]는 시간과 관계된 말이다. 한편 계는 예를 들면 결계(結界) 등으로 쓰인다. 그런 의미의 계의 원어는 산스크리트어인 시마(sīmā)이다. 야쿠자가 "여기는 나의 시마다."라고 하는 것은 이 산스크리트에서 온 것 같다. 옛날의 야쿠자는 아마도 학식도 있었던 것 같다. 하지만 세계라고 할 때의 계의 원어는 다투(dhātu)이며, 이 경우의 계는 영역 즉 공간의 의미가 된다. 거기에서 세계라고 하는 것은 본래는 공간만의 것이 아니라 시간도 포함된 것이 된다. 시공의 전체를 세계라고 하는 것이다.

실제 우리들이 살아가는 세계는 정지된 공간만의 것이 아니다. 어디까지나 움직이며 변화하며 전변해가는 제행무상의 세계이다. 시간이 없는 우리들의 목숨은 있을 수 없다.

　그러면 대체 시간이란 무엇일까? 이것은 매우 어려운 문제이다. 생각을 한다 해도 좀처럼 알기 어려울 것이다. 생각하는 것 자체가 시간 속에서 일어나는 것이며, 그 시간을 빼고 다른 시간을 고찰하는 것도 의미가 없을 것 같다. 거기엔 자기모순도 있다는 생각이 든다. 그리고 이 복잡성만 강조해도 앞으로 나아갈 수 없기 때문에 어쨌든 불교에서 생각하고 있는 시간에 대하여 조금 소개해 보기로 한다.

화살의 패러독스와 『중론』

　그래서 앞으로 나아가는 것으로서 먼저 그 "앞으로 나아간다."는 것이 있을 수 있는가가 실은 문제가 된다. 이것은 아무래도 출발점에서 우왕좌왕하는 느낌을 갖게 하지만, 이 '나아간다'라는 것 즉 운동이라는 것으로부터 생각해 가기로 하자. 운동은 시간을 빼고는 생각할 수 없고, 이 운동은 시간의 문제와 밀접히 관계를 가지고 있다. 과연 운동이란 있는 것일까.

　용수는 『중론』에서 이것을 상당히 세밀하게 문제 삼고 있다. 그 논의의 초점은 다음과 같다. 먼저 과거에 운동은 있는가? 과거가 어딘가에 남아있다고 한다면, 그것도 알 수 없지만, 역시 과거는 더 이상 없을 것이다. 없는 과거에 운동은 없을 것이다. 그러면 미래에 운동은 있는가? 미래도 아직 없다고 밖에 생각되지 않기 때문에, 역시 미래에도 운동은 있을 수 없는 것이 분명하다. 그래서 운동이 있을 수 있는 것은 현재만이 되지만, 그러면 현재에 운동은 있는 것일까.

여기에서 용수의 사색은 더욱 예리해진다. 현재가 정지한 것이라면 거기에 운동은 있을 수 없다. 그래서 임시로 현재는 운동하고 있다는 것으로, 이렇게 이미 운동하고 있는 것에 운동은 있다고 말할 수 있겠는가. 이미 본래 운동하고 있는 것이 계속해서 운동한다는 것은 있을 수 없다. 만약 운동한다고 한다면, 하나의 것에 두 개의 운동이 있다는 모순이 생기게 된다. 그렇다고 한다면 문제는 "현재는 이미 운동하고 있는 것인가?"라는 것이 되지만, 그렇다하더라도 그 운동은 현재가 끊임없이 현재로 이동해가는 운동으로서 만물에 공통된 것으로서, 그 이상 각기 다른 운동은 지금 말했듯이 있을 수 없다. 더욱이 그 실제를 말하면 현재는 현재로 밖에 있을 수 없기 때문에 거기에 운동은 없다고 밖에 할 수 없게 된다. 이리하여 현재에도 운동은 부정될 수밖에 없는 것이다.

이것은 제논이 말한 화살의 패러독스와 가까울 런지도 모른다. "제3의 난문, 날아가고 있는 화살은 정지하고 있다. 왜냐하면 어떠한 것이라도 자신과 동일한 장소를 차지할 때는 항상 정지해 있는 것이며, 또 움직이고 있는 것이 지금 자기 자신과 동일한 장소를 차지하고 있다고 한다면 움직이고 있는 화살은 움직이지 않는다."(杉原丈夫, 『時間の論理』, 早稲田大學出版部, 1974年, 31쪽)

이 운동 부정의 근본에 있는 것은 과거도 미래도 존재하지 않고, 있다고 할 수 있는 것은 현재밖에 없다고 하는 사태이다. 과거는 존재하지 않고, 미래도 존재하지 않고, 그러면 현재는 존재하는가 하면, 적어도 그 현재는 추상적으로 파악할 수가 없다. 잡았다고 할 때는 벌써 과거가 되어버리고, 잡는다고 하는 작용의 그 최초의 순간에 현재가 있을 것이기 때문이다.

덕산과 점심

이것에 대하여 선종에는 재미있는 일화가 남아있다. 덕산(德山)이라는 승려가 있었다. 일본 선종의 주요한 종파에는 임제종과 조동종이 있지만, 그 임제종의 종조인 임제는 할(喝)로 유명했다. 어떤 때라도 맞든 틀리든 할을 외쳤다. 이 임제에 대하여 봉(棒, 방망이)을 사용한 것으로 유명한 이가 덕산이다. '말해도 30봉 말하지 못해도 30봉'이라고 할 정도였다. 여기서 '[말을] 한다'는 것은 오히려 완료라고 보는 것이 좋을 것이다. 곧 무엇인가 말했다 해도 소용없고, 말하지 않아도 소용없다는 것이다. 그러면 독자들은 어떻게 할 것인가. 멍하게 있어서도 안 된다. 우물쭈물 할 여유도 없이 방망이가 날아든다. 무섭지만 통쾌한 화상이다.

그 덕산도 젊은 때가 있었다. 본래 덕산은 『금강반야경(金剛般若經)』에 대해 자칭 당대 일류의 연구자였다. 남쪽에서 선종이라는 이상한 불교가 유행하고 있는 것을 듣고 그것은 사교(邪敎)로 물리치겠다고 하여 마침내 어떤 선사가 있는 산의 기슭까지 왔다. 그 전에 약간 허기를 채우고자 그 근처의 찻집에 들러 점심(點心)을 시켰다. 만두 같은 것을 시켰다고 생각하면 좋을 것이다.

그러자 그 가게의 노파가 학자연채 하는 덕산에게 질문했다. "짊어진 보따리에는 무엇이 들어 있소." 그러자 덕산은 "『금강반야경』의 주석서다. 내가 『금강경』에 권위자인 걸 모르는가." 하고 뽐내며 말했다. 이것에 바로 노파가 화살을 당겼다. 『금강반야경』에는 "'과거심불가득(過去心不可得), 현재심불가득(現在心不可得), 미래심불가득(未來心不可得)'이란 말이 있다고 들었는데, 그대는 지금 점심을 시켰네. 그렇다면 대체 그 음식은 어느 마음에 점을 찍는 것인가."

덕산은 답하지 못했다. 아마도 꼼짝도 못하고 땀만 흘리고 있었을 것이다. 분명 이 노파는 내면으로 선을 깊이 참구하고 있었을 것이다. 학자라고 생각해 뽐내고 있던 덕산도 노파 앞에서 완전히 체면을 구겼다. 그래서 덕산은 분발하고 선의 수행에 들어 각고면려하여 위대한 선사가 되었기 때문에 덕산도 역시 위대하다.

이런 이유로 과거도 미래도 실은 현재도 본래 불가득, 잡을 수가 없다고 하는 것이 경전의 내용이고 불설의 가르침이다. 살아있는 목숨, 움직이고 있는 주체로서의 자기, 그 본래의 자기는 잡을 수가 없다. 자기는 본래부터 자기의 것으로 할 수가 없는 것이다. 그 처음에 현재가 있고 자기가 있다. 그 현재 자체에 서 있을 때 운동은 없고, 측정할 수 있는 시간도 없다. 세계는 시간과 공간이라 말했지만, 시간을 끝까지 추구해가면 그 자체가 사라져 버린다.

그렇다면 세계에 실제 있는 것은 현재의 존재만인 것이 된다. 그리고 실제 사물은 그 존재로서 계속 존재하고 있는 것은 아니다. 삼세를 통하여 철 방망이와 같이 그대로 존재하고 있는 것은 아니다. 과거도 미래도 존재하지 않는 이상은 마치 호박엿이 통째로 잘라진 듯한 그 면이 현재라 해도 그 전후의 일체가 동시에 존재하고 있는 것은 전혀 없다. 따라서 불교는 상주의 주체는 어디에도 없고, 일체법은 공이라고 주장하는 것이다.

'영원의 지금' - 도겐의 시간론

운동으로부터 살펴보았지만, 있는 것은 현재 밖에 없다. 일단은 적어도 그렇게 된다. 이것을 명료하게 설한 사람이 도겐(道元, 1200-1253)이다. 도겐의『정법안장(正法眼藏)』에「유시(有時)」의 부분이 있다. 유시라는 말은 본래 '어떤 때는 어떻고', '어느 때는 어떻고'라는 의미로 사용되는 말이지만, 도겐은 이 말을 자유롭게 읽고 깊은 의미를 찾아낸다. 그 유시를 "유(有)는 시(時)이며, 시(時)는 유(有)이다."라고 읽는 것이다. 곧 존재는 시간이며, 시간은 존재라는 철학을 불러낸 것이다. 하이데거의『존재와 시간』보다 훨씬 오래 전에 존재와 시간을 발표하고 더욱이 그것은 목숨과 세계의 핵심을 실로 정확하게 파헤친 것이기 때문에 일본을 철학의 나라로 다시 돌아보아도 좋다. '유즉시(有卽時), 시즉유(時卽有)'는 세련되고 핵심을 드러내고 있는 것으로 가히 경의를 표할만 하다.

더욱이 도겐의 훌륭한 점은 이 시를 지금[이금(而今)] 이외에는 어떤 것도 없다고 보고 있는 점이다. 그리고 그 지금은 자기와 떨어질 수 없는 것을 분명히 지적하고 있는 것이 더욱 대단한 점이다. 가령 도겐은 "산에 오른다."는 것을 어떻게 생각해야할 것인가에 대해 독특한 생각을 전개하고 있다. 보통은 "산을 오른다."고 할 때는 어떤 산이 존재하고 있어서[고정된 공간이 존재하고 있어서], 그곳을 기슭으로부터 정상으로 시간 속을 경과하면서 올라간다고 생각할 것이다. 변해가는 것은 자신뿐으로 산은 부동이다. "고요한 것이 산과 같다."는 것이다. 그리하여 기슭을 올라갈 때는 시간적으로 과거로 갔다고 생각한다. 이런 생각은 실제 산이 계속 존재하고 있다는 그런 선입관 속에 성립한다. 계속 존재하고 있는 산의, 앞서 있었던 것은 과거의 영역으로 들어갔다는 무의식의 생각이 거기에 있는 것이다.

그러나 잘 생각해 보면 산의 앞의 부분은 과거의 어딘가에 계속 존재하는 것은 아니다. 언제나 올라가고 있는 사람의 현재에 산의 전체가 있고, 그 현재의 산이 그 때 있었을 뿐으로, 어딘가로 사라져버린 산이 더욱이 존재하는 것은 아닌 것이다. 언제나 그 사람의 현재에 산은 있고, 그 외에 산이 없는 것은 틀림없다. 따라서 산은 언제나 지금 있는 것이고, 어딘가로 사라져버리는 일은 없다. 현재에 존재가 있고, 그 존재 이외에 시간은 없다. 시간이 지나가 버렸다고 하는 것은 이 사실에 근거하여 거기에서 그 때의 현재를 동시 공간상에 직선적으로 나열해 그 위에 과거는 지나갔고 미래는 아직 오지 않았다라고 말하는 것뿐이다. 따라서 의외로 시간이라고 생각하고 있는 것은 공간적 그 자체인 것이다. 정작 산은 가지 않고, 그런 까닭에 시간도 가지 않는다. 시간이 직선적으로 가고 있다고 생각하는 것은 착각이라고 생각해야 한다. 그렇게 도겐은 설하고 있다.

이 사고 방식은 소위 '영원의 지금'이라는 사고방식이다. 언제나 지금 밖에 없다. 그 지금이 지금·지금·지금 … 계속될 뿐이라는 사고방식이다. 여기에서 '계속된다'는 것도 이미 동시 공간상에 투영해 말하는 것이다. 영원의 지금 이외에 시간은 없다. 그런 입장에 서면 늙는 것도 죽는 것조차도 없게 된다. 살아있는 한은 죽지 않고 죽었다 해도 더 이상 죽지 않기 때문이다.

'피고 피는 상주, 지고 지는 상주' - 천태본각법문

이러한 사고방식은 천태본각법문과 동일하다. 왜냐하면 천태본각법문에서는 '사상주(事常住)' 등을 말하고 있기 때문이다. 각 순간순간의 사상(事象)이 상주절대라고 하는 것이다. 이것에 대하여『삼십사개사서』「생사가 곧 열반의 일」에는 "세간 상 상주라는 것은 견고 부동한 것을 상주라고 하는 것이 아니다. 세간이란 무상의 뜻이며, 차별의 뜻이다. 무상은 무상이면서 상주로서 잃는 것이 없고, 차별은 차별이면서 상주로서 잃는 것이 없다. 만약 이것을 알지 못하면 편견에 빠진다. 비유하면 파도가 움직인다 해도 움직이면서 삼세상주(三世常住)로서 움직임의 시작도 없고 끝도 없고 무시무종(無始無終)인 것과 같다. 본래 십계를 갖춘 법인 까닭에 이 사람 저 사람이라 해도 십계를 떠나지 않는다. 십계는 법계이다. 꼭 일계(一界)는 실(實)이며 나머지는 거짓일 수 없다. 그러므로 제불의 경계는 어떠한 계에도 머문다. (중략) 만약 그렇지 않다면 가제상주(假諦常住)의 법문은 세우지 못한다. 가제상주란 십계부동(十界不動)으로 차사생피(此死生彼)하면서도 상주란 뜻이다. 깊이깊이 이것을 생각해야 한다."고 기술한다(『天台本覺論』, 日本思想大系9, 岩波書店, 1973年, 157項). 이것에 의하면 사상주란 현재 생멸하는 사물이 부처와 하나라고 하는 것을 말하는 것과 같다. 이러한 사고방식이 후에는 '피고피고 상주, 지고지고 상주'라는 구절로 정착해 간다. 이것도 멋진 말이다.

더불어 천태본각법문의 정리된 교리로서는 '삼중칠개법문(三重七箇法門)', '사중흥폐(四重興廢)' 등이 있지만, 그 가운데 '사중흥폐'란 이전(爾前)·적문(迹門)·본문(本門)·관심(觀心)의 네 단계로 갖가지 사리를 살펴가는 것으로서, 최승의 것은 본문의 교리[언어·지성의 입장]조차 초월해 지금 자기의 일념 상에 근본법화의 내증의 진실을 찾아가는 관심의 입장이라고 한다. 마치 『대승기신론』에서 본각은 이언진여에 도달하는 것과 동일하다. 이 사종흥폐의 교리에 의하면 천태본각법문의 핵심은 필경 관심에 있어서 주객미분의 내증에 투철한 곳에 있다는 것을 알 수 있다.

자기는 세계에 놓여있다

이 지관(止觀)에서 궁극적인 상태가 전개된다는 것은 '지금'을 어디에서 찾는가와 관계한다. 지금이란 결코 객관적인 시각의 것이 아니다. 추상적으로 인식된 지금도 상주도 아닌 것이다. 자신과 관계가 없는 추상적인 시간이 아니라 실로 자기가 있는 그 현재가 바로 그것인 것이다. 따라서 지금이라는 것은 의식이 있는 사람 수만큼 있을지도 모른다. 이 지금을 발견하기 위해 도겐은 "자신을 세계 속에서, 세계 그 위에서, 세계의 하나하나의 것을 시[지금]의 존재라고 명심해야 한다."라고 말하고 있다.(『正法眼藏』「有時」『道元 上』日本思想大系 11, 岩波書店 1970年, 257項.) 보통 우리들은 자신을 배제하고 자신 앞에 있는 세계만을 고찰의 대상으로서 세계가 이렇다 저렇다고 논하고 있다. 그때 자신의 주관의 입장은 일체 무시되고 있다. 자신을 하늘 높이 나는 새처럼 두고 거기에서 세계를 내려다보고 세계를 논하는 것으로 자기 자신은 실로 배제되고 있는 것이다. 그러나 정말로 세계가 세계이기 위해서는 자신도 거기에 들어가 버리지 않으면 안 된다. 그래서 자신을 세계 속에 배치하고 그 위에 세계를 생각해 가야한다고 말하는 것이다. 실로 맞는 말이 아닐까. 여기에 대상의 논리가 아닌 장소의 논리가 있다. 세계를 자신과 분리하는 것이 아니라 자기는 세계에 놓여 있고 그 전체를 보고 있는 것이다. 이것은 대상의 논리만으로 전개된 우리들의 역사 속에, 조금 과장해서 말하면, 인류사상 획기적인 지적이라고 생각한다.

자기가 놓여있는 세계는 자기와 동시에 존재하는 세계인 것이다. 그것은 현재에 존재하는 세계이다. 어떤 행동을 한다 해도 모두가 그때 현재의 존재인 것이다. 모든 것은 과거·현재·미래에 계속적으로 존재하는 것이 아니다. 그때그때 현재의 존재 이외에 어떠한 것도 아니다. 그 현재는 자기 생명의 최선봉 실로 자기가 있는 장소에만 존재한다. 존재와 시간과 자기란 하나인 것이다. 모두가 지금 있는 것이다. 실로 모두는 지금 이외에는 없다. 그 정도로 지금을 중시하지 않고 무엇을 중시할 것인가.

이와 같이 도겐은 "일체의 존재는 흘러가고 있는 것과 같이 그때그때 있는 것이다. 거기에 존재와 시간은 일치하며, 그것은 자기가 존

재하는 곳의 존재이며 시간이다."(존재와 시간의 도리에 귀를 기울이지 않는
것은 시간을 지나가 버리는 것으로만 알기 때문이다. 요점을 말하면 일체의 세계에 모든
일체의 존재는 연결되어 있기 때문에 시간과 시간이 된다. 그러므로 존재와 시간인 것
에 의해 나의 존재와 시간인 것이다. 前揭書 258項) 라고 말하고 있다. 그때라고
하는 것은 그 사람에게 있어 '지금' 이외에는 있을 수 없다.

찰나멸이라는 것

다시 한 번 그 현재라는 시간을 생각해 보자. 아마도 보통의 사고
방식은 어떤 절대시간이라는, 균일한 빠르기로 지나가는 시간이 본
래부터 있어 그 속을 상주의 본체라는 어떤 것이 움직여 간다고 하는
방식일 것이다.

그러면 그 상주의 본체를 갖는 것은 시간적으로 어느 정도의 폭을
갖는 존재일까. 1분간 정도로 존재하고 있는 것이 시간 속에 움직이
고 있는 것일까. 지금의 한 순간만의 존재가 움직이고 있는 것일까.
한 순간이란 어느 정도의 시간인 것일까. 여기에 이르러 우리들은 결
코 파악할 수 없는 것에 부딪칠 수밖에 없게 된다.

기하학 상 직선은 점이 이어진 것이라고 말할 수 있지만, 그렇다면
점은 어느 정도의 폭을 갖고 있는 것일까. 점은 혹시라도 폭을 조금
이라도 가지고 있다면, 분할될 수 있다. 폭을 가지고 있지 않다면 아
무리 모아도 선은 되지 않는다. 그러면 점이란 어느 정도의 것일까.
여기에는 미소한 방향을 향한 무한의 문제도 있으며, 점은 일종의 극

한개념이 되지 않을 수가 없다.

시간도 동일하게 가령 일 찰나라고 하는 극소의 시간단위가 있다. 이것은 한편에선 일탄지(一彈指) 시간의 60분의 일의 시간이라고 말하지만, 한편으로 말하면 극한개념의 시간으로 말하는 경우도 있다. 찰나찰나 생기고 소멸하며 생기고 소멸하면서 상속해가는 것이 찰나멸이지만, 그때의 찰나는 거의 과거도 아니고 미래도 아닌 시간이라는 극한개념인 것으로 생각된다. 오히려 현재라는 것에 폭이 있는 것은 아닌가 라고도 생각되지만, 여기에서 불교는 존재와 관련해 생각하게 된다. 앞에서 한 말은 아니지만 존재가 두 찰나 이상에 걸쳐 본체를 갖는 것이라고 한다면, 그것은 논리적으로 상주의 본체를 갖는 것이 된다. 그렇다고 한다면 세계에 변화란 없는 것이 된다. 그러나 세계에 변화가 있는 이상은 상주의 본체가 있는 것은 아니고, 그런 이상 존재는 모두 찰나멸, 즉 찰나찰나 생기고 소멸하며 생기고 소멸한다고 말하지 않을 수 없다. 이것이 찰나멸의 사고방식이다.

무시무종의 찰나멸 상속

이것은 유식사상 등에서는 분명하다. 유식사상에서는 우리들 한 사람 한 사람을 8식으로 설명하며 그 8식 전체는 찰나멸이라고 한다. 찰나멸 속에 상속되는 것이 우리들 세계라고 하기 때문에 어디에도 상주불변의 실체적 존재는 없게 된다. 이 세계는 변화하면서 흘러가는 사(事)의 세계인 것이다. 사의 세계 밖에 없는 것임에도 세계를 공간적으로 고정된 것으로서 받아들이는 것이 미혹이라고 유식 내지 불교는 명료하게 주장한다. 그것은 잠시 접고 8식의 세계는 모두 찰나멸이지만, 그 가운데 제8식은 무시이래 무종에 걸쳐 찰나멸 속에 상속되어 간다고 한다. 그렇기에 이 세상에서 신심(身心)이 사라져도 다음의 세상으로 정보가 전해져 가는 까닭에 생사윤회의 설명도 이뤄지고, 수행하여 마침내 부처가 되는 것도 설명할 수 있는 것이다.

무시로부터 무종이라는 것은 아무래도 합리적이 아닌 느낌을 갖는다. 설명 불능이라고 지의 한계를 내뱉는 일이라 생각할 런지도 모른다. 그렇지만 여기에는 오히려 시간을 대상적이고 직선적으로 생각하는 것을 거부하는 입장이 나타나고 있다. 대상적으로 파악하기 때문에 시작이라든가 끝이 문제가 된다. 더욱이 시작은 창조주라도 세우지 않는 한 설명은 쉽지 않다. 하지만 창조주를 세웠을 때는 그 창조주는 어떻게 만들어 졌는지 더욱 그 근원에 관심을 갖지만 결국 시원의 문제는 해결되지 않는다. 창조주가 처음부터 있는 것이라 한다면 역시 거기에도 지의 한계는 드러날 수밖에 없다.

우주의 시작을 빅뱅에서 구하기도 한다. 그러면 빅뱅의 바로 앞이 어떤 모습인지를 묻는다면, 거기에는 시간·공간은 없고 빅뱅 이후 시간·공간이 나타났다고 한다. 대체 빅뱅의 앞은 어떠한 것일까. 그 앞은 아무것도 없는 것으로부터의 시작이라고 하는 입장도 있는 것 같기도 하다.

시간의 시원과 지금

시간을 절대적으로 파악하려는 입장을 뒤집어 생각해 보면 시작을 직선상의 한쪽 끝에서 구하는 것에서 해방될 것이다. 그러면 그 경우에 시간의 시원을 찾으려고 한다면 그것은 어디에서 찾으면 좋을까. 시원을 구한다는 것 자체가 이미 직선적인 시간을 상정한 것이라고 말할 수 있겠지만, 그러나 실제로 시간은 지금 생겨나고 있는 것이다. 항상 지금 새로운 지금이 생겨나는 것이다. 따라서 곧 지금 거기에 시간의 시원은 있는 것은 아닐까.

실제 시간의 전부는 '지금'에 있다고 할 수 있다. 이것은 아우구스티누스(Augustinus, 354-430)도 말했던 것이다. 과거는 지금의 마음에 있어서 상기(想起)이며, 미래는 지금의 마음에 있어서 기대(期待)이다. 과거도 미래도 지금 속에 있다. 모든 시간은 지금 있는 것이다. 그렇다고 한다면 지금이 생겨나는 곳에 시간의 시원은 있을 것이다. 실로 지금 여기에 시간의 시원은 있다. 거기에 생명의 시원도 있는 것이다.

그것을 포함해서 더욱이 세계가 변화하면서 상속해 간다고 표현했을 때 먼저 시간의 흐름 실은 존재의 흐름은 찰나멸이라고 표현된다. 찰나찰나 생기면서 소멸하고 생기면서 소멸하면서 상속되는 것이다. 특히 아뢰야식은 무시로부터 무종에 걸쳐 한 순간의 간극도 없이 연결해 가는 것이다. 그것은 오히려 지금으로부터 지금으로, 지금·지금·지금의 연속이라고도 할 수 있다. 아뢰야식은 폭류와도 같다고도 말하지만, 실제는 지금 밖에 없는 것이다. 실로 도겐이 말하는 '연결되어 있는 시간'이다.

절대현재의 진실

이것에 대하여 『성유식론』에서는 실로 흥미 깊은 다음과 같은 논의가 나타나고 있다.

존재는 상주불변이 아니고 찰나찰나 생기고 소멸하고 생기고 소멸하는 찰나멸의 방식으로 있다. 그 찰나멸 속에 현재는 생기고 소멸하는 그 일찰나에 있다고 하는 것 외에는 있을 수 없다. 만약 생기는 찰나와 소멸하는 찰나의 두 찰나에 의해 현재가 있다고 한다면 어느 쪽을 현재라고 할런지의 모순에 빠지게 된다. 일 찰나에 있어서 생기고 동시에 소멸하는 것은 모순같지만, 논리적으로는 그와 같이 표현할 수밖에 없다. 그러면 그때 어떤 찰나[직전의 현재 지금]와 다음의 찰나[직후의 현재 지금]는 어떠한 관계에 있다고 해야 할까. 그것은 저울의 한쪽이 내려가는 것과 동시에 한 쪽이 올라가는 것과 같은 것이다.

그렇다고 한다면 지금이 소멸하는 것과 동시에 다음의 지금이 생기는 것이 된다. 그렇더라도 그 지금은 일 찰나에 있어 소멸하는 것이고 말하자면 생기는 것과 동시에 소멸하는 것이다. 그러나 그 소멸과 동시에 다음의 지금이 생기고 더욱이 그것은 동시에 소멸한다. 이러한 것은 현재에 현재가 생기는 것이 될 것이다. 시간은 끊임없이 현재에 생겨난다. 그 현재 이외에 시간은 없다. 항상 현재 밖에 있을 수 없다고 하는 것이 절대현재라고 하는 것이다. 거기에 각각의 지금이 생겨나는 것이 각각의 현재가 절대현재 속에 생겨나는 것이다. 이렇게 하여 시간은 절대현재에 있어 각각의 현재가 생겨나는 것이다. 니시다 키타로는 여기를 절대현재의 자기한정이라고 말한다. 우리들의 자기는 거기에서 성립하는 것이다. 자기의 생각을 훨씬 초월한 것 속에 자기는 성립한다. "이 생사는 곧 부처의 생명이다."(道元『正法眼藏』「生死」)라는 것이다. 그렇다 해도 시간이란 불가사의하다.

지금 온전하게 서있다고 한다면 거기에 영원의 지금이 있고, 생사는 초월될 것이다. 지금 온전하게 서있다고 하는 것은 주체 그 자체에 근거하고 있는 것이다. 주체적으로 작용하여 뒤를 돌아보지 않는 것이다. 거기에 생사를 벗어나는 지극한 뜻이 있을 것이다.

구카이 등의 시간론

흥미로운 것은 구카이의 진언밀교에서도 이러한 시간론이 나타나는 것이다. 일반적으로 경전은 '여시아문 일시불재…'로 시작한다. 어느 때 부처님은 어디에서 설법하셨고, 그것을 나는 다음과 같이 들었다고 하는 것이다. 이 '어느 때'의 일시의 시에 대하여, 진언종의 해석에 의하면, 예를 들면『변현밀이교론(辨顯密二敎論)』의 인용에 나오는 그 말에 대하여, 오다 지슈(小田慈舟, 1890~1978)는 "경문의 '일시'는 시성취(時成就)의 구이다. 교주 금강계 대일변조여래는 무시무종(無始無終)·무생멸(無生滅)인 까닭에 일체시를 일시로 하고, 일즉일체·일체즉일로 윤원무결(輪円無缺)한 까닭에 실은 전후의 구별은 없지만, 잠시 그 속에서 일시를 떼어 설청(說聽)의 시로 삼는 것이다"라고 해설하고 있다(『十卷章講說』下卷, 高野山出版社, 1985年, 721項). 여기에도 절대현재의 시간론이 나타난다.

더욱이 천태본각법문에서도 동일한 견해가 있다. 앞과 동일하게 『삼십사개사서』의 「원초일념(元初一念)의 사(事)」에는 다음과 같은 내용이 나타난다.

(…) 고로 원초의 일념이란 상주불변의 염이다. 원초의 일념은 상주불변이라는 뜻이다. 과현당(過現當)의 삼세에 일어나는 바의 염은 모두 동념(同念)이다. 대해의 파도는 어제의 파도도, 오늘의 파도도, 완전히 일체인 것과 같이, 삼세의 념은 단지 일념이다. 지금 가르침을 만나 여기에 일어나는 염은 단지 이 전체법 상주의 염이다. 삼세일세·선악불이·사정일여(邪正一如)로 아는 것을 원초라고 한다. 만약 원초의 일념이 미출(迷出)의 시작이라고 한다면, 시기(始起)의 법이 있는 것이다. 만약 그렇다면 명초(冥初)와 같은 것이다. 완전히 불가하다. 단 혹은 경권에 따라 혹은 지식에 따를 때, 전념에 일어나는 바의 일념을 삼천구족으로 아는 것을 원초라 한다. 깊이 깊이 이것을 살펴야 한다."(『天台本覺論』 日本思想大系 9, 181項)

놀랄만한 깊이의 철학이 일본 불교 속에 있는 것이 아닌가. 일본인의 철학적 센스도 대단하지 않은가.

대체 시간론에 있어 모던적인 사고방식이란 어떠한 것일까. 그렇게 현대의 첨단으로 주목해야할 시간론이 있다고는 생각되지 않지만, 예를 들어 현대보다 조금 앞서 베르그송(Bergson, 1859-1941)은 순수지속(純粹持續)을 주장했다. 이것은 논리라기 본다는 오히려 사태의 기술에 지나지 않는 것처럼 생각된다. 단지 그 순수지속을 좀 더 철학적으로 표현한다면, 절대 현재의 시간론이 될 것이다. 여기에서 드는 생각은 불교가 포스트모던인 것은 불교가 무엇인가 특수한 입장을 표방하면서 미래를 선점하고 첨단으로 나아간다고 하기 보다는, 불교가 영원한 진리를 체득하고 그것을 표현해 왔기 때문이라고 하는 것이다.

시간적 인과관계는 가능한가

그런데 시간은 '지금'에 집약되지만. 그 '지금'이 역시 몇 개나 있는 것으로 된다. 개인에게 있어서도 '그때'마다 있고, 그 사람들 수 각각만큼이나 '지금'이 있는 것으로 된다. 그와 같은 다수의 '지금'들의 상호관계는 어떻게 보아야 할 것인가. 공간적으로는 모든 사물이 연기 속에 있다고 하였다. 다수 사람들의 '지금'도 반드시 연기의 관계 속에 성립하고 있을 것이다. 그렇다면 시간적으로 연기는 어떻게 생각해야 할 것인가.

인과관계라는 것은 정말로 있는 것인가, 이것은 실로 매우 어려운 문제이다. 영국의 흄이라는 철학자는 객관적으로 인과관계가 있다고 단정할 수 없다고 분명히 말한다. 이것에 대하여 칸트는 "독단론이라는 잠에서 깨어났다."라고 하며, 실로 인과관계는 어떻게 성립하는가라는 것을 철학 상의 근본적인 문제로 추구하였다. 결국 칸트는 우리들의 주관적 입장이 세계를 이해할 때 인과관계라는 형식 속에서 이해해 가는 것으로서, 그것은 오성(悟性)이라는 주관이 세계를 파악할 때의 형식인 것이라고 설한다. 그와 같이 서양철학의 견해로부터 보았을 때, 대다수의 상상과는 반대로 객관세계에 인과관계가 있다고 단정지울 수 없다고 하는 것이 근대이후의 주류라고 할 수 있다.

승의제를 드러내는 입장 – 『중론』

그렇다고 한다면 불교가 설하는 연기는 무조건적으로 진리라고 할 수 없게 된다. 거기에 인과관계가 없다고 한다면, 연기는 성립하지 않는다는 것이 진리인 것일까.

먼저 용수의 『중론』에서 시간적 인과관계라는 것은 성립하지 않는다고 논증하고 있는 것을 이해해 두면 좋을 것이다. 예를 들면, 『중론』에서는 다음과 같은 논의를 하고 있다. 시간적 인과관계는 결과가 원인보다 앞에 있는가, 동시에 있는가, 뒤에 있는가의 어느 것이다. 결과가 원인보다 앞에 있다면, 원인 없이 결과가 있는 것이 되어 거기에는 본래 인과관계 등은 없는 것이 된다. 결과가 원인과 동시에 있다고 한다면, 그것은 시간적 인과관계라고 할 수 없고, 단지 공간적인 상의관계가 있을 뿐이다. 그렇다면 결과는 원인의 뒤에 있는 것인가. 아마도 누구나가 그것은 당연한 것으로 생각할 것이다.

그러나 이 경우는 원인이 무로 돌아간 뒤에 결과가 있게 되는 것이다. 동시(同時)는 아니기 때문이다. 그렇다고 한다면 결과가 있을 때보다 앞서서 원인은 무가 되어 버린다. 그렇다면 대체 이미 원인이 없는데 결과는 무엇을 원인으로 하고 있는 것인가. 이때도 원인 없이 결과가 있게 되고 이 경우도 인과관계는 성립하지 않게 된다. 이렇게 하여 어떠한 경우에도 시간적인 인과관계는 성립하지 않는다. 인과관계는 말할 수 없다고 하는 것이다.

『중론』은 이러한 논의를 전개하고 있다. 불교의 근본이라고도 할 수 있는 연기의 관계는 인과 연이 합쳐져서 과가 있다고 하는 것으로 단순한 인과관계는 아니지만, 거기에는 물론 당연히 인과관계도 상정되고 있다. 그러나 『중론』은 이와 같이 인과관계는 없는 것이라고 설하고 있다. 여기에 희론적멸(戲論寂滅)의 승의제를 드러내는 입장이 있는 것이다.

인과를 가설로 보는 입장 - 유식

한편 유식에서는 연기는 가법(假法)을 세운 것에 지나지 않는다는 것을 분명히 하고 있다. 본래 언어를 떠난 세계 곧 제법실상 위에 연기나 인연관계를 세웠을 뿐이다. 그렇게 유식에서는 말하고 있다. 일반적으로 불교는 연기가 진리라고 설하지만, 유식의 입장에서 보면 그와 같은 연기의 설도 또 가설(假設)에 지나지 않는다. 궁극의 깨달음의 세계는 언어를 떠나 있고, 그것을 언어로서 설명하고자 할 때 연기란 말을 사용할 뿐이라는 것이다.

그러한 가법의 설정이란 것이 무엇인가 하면 유식의 입장에서 말하자면, 현재 밖에 없는 것으로 그 현재만의 법이 미래에 작용을 미치는 것으로 보고, 거기에서 현재에 대하여 미래의 결과를 상정하여 그것에 대해 현재의 법에 원인이라는 말을 부여하는 것뿐이라는 것이다. 한편 현재의 법이 과거의 과보를 받는다는 것을 보고 거기에서 현재에 대하여 과거의 원인을 설정하여, 그것에 대하여 현재의 법에 결과라는 말을 부여하는 것이다. 이렇게 하여 어디까지나 가설로서 의 인과관계가 나타나는데 지나지 않는다고 하는 것이다.(『成唯識論』卷 3 參照)

이 연기의 입장에서는 일방적으로 있다는 견해를 떠나고 또 일방적으로 없다는 입장도 떠난다. 실체적인 존재로서 상주인 자기를 붙잡을 일 없고, 사후에는 어떤 것도 없다고 하는 니힐리즘에 빠지는 일도 없다. 이것이 유식의 연기관이다.

하지만 우리들은 이러한 찰나멸의 현재 밖에 없는 세계를 대상화하고, 자아와 물체를 실체적인 존재로 간주하여 그것에 집착한다. 자아에 휘둘리고 물체에 휘둘려 괴로워하고 있다. 지혜로운 자는 이 유식의 도리야말로 배워야 할 것으로 여기에 진정한 진실이 드러나 있다고 말한다.

그러한 이유로 인과 혹은 연기는 유식사상에 의하면 가법의 설정에 지나지 않지만, 이 가법의 설정에 근거한 세계의 현재 그 자체는 언어를 떠나 있는 것으로 나타내고 있다. 실제 가법의 설정 이전의 세계는, 현재가 현재로 되어가는 세계, 거기에 있을 것이다.

이런 이유로 연기는 유식에서는 가설이 되며, 『중론』에서는 불성립이 된다. 이러한 인과관계조차 사라져 버리는 지평은 대상적 분별이 해체되지 않을 수 없는 것을 의미하며, 그 해체된 지평은 자주 말하지만, 절대현재의 작동 속에 있는 것으로, 불가득의 주체가 주체 그 자체로서 활동하는 작동 속에 있는 것이다.

철학으로서 불교 입문

십세의 법 - 화엄사상의 시간론

　그러나 그 현재가 근거하는 '시간=존재'의 구조를 돌아보았을 때, 저 '현재=존재'는 다른 '현재=존재'와 서로 관계하고 있는 것은 틀림없을 것이다. 과거가 있기 때문에 현재가 있고, 한편 미래를 생각할 수 있기에 현재가 있다고 할 수 있고, 현재가 과거의 의미를 들춰내고, 현재가 미래의 방식을 규정하는 것은 당연하다. 이러한 시간적인 인과관계의 내실을 화려하게 표현한 것이 화엄종의 시간론이다.

　화엄종은 일입일체·일체입일, 일즉일체·일체즉일, 나아가서는 일체입일체·일체즉일체(중중무진)로서 [여기의 일은 개물의 것으로, 전체의 것이 아닌] 무엇인가 돌고 도는 듯한 세계관을 설하지만, 그 대표적인 강요서인『화엄오교장』에는 앞에서도 언급한 십현문이라는 하나의 법문, 즉 하나의 사상이 있다(182-184쪽 참조). 여기에서는 열 개의 관점으로부터 소위 사사무애법계의 논리적 구조가 해명되고 있다. 사사무애법계란 개개의 사물이 서로 방해받지 않고 관계하며, 그 관계는 중중무진으로, 그러한 가운데 개개의 사물은 상호 일체이며, 융합하며, 동시에 더욱이 대체 불가능한 개물로서의 세계인 것이다. 실은 이 법계와 함께 이사무애법계라는 것이 있지만, 사사무애법계에서는 그 이가 사라진다. 어떤 의미에서 절대는 그 모습이 사라지고, 이 현실 세계가 전부가 되고 있다. 그리고 십현문 속에 십세격법이성문이라는 것이 있다. 그것은 다음과 같다.

십세격법이성문

시간과 관계하여 상즉·상입 무애의 이치를 설한다. 일념과 9세로 십
세. 십세는 각각 별개로 구분이 있지만, 그것들이 상즉·상입하며 더
욱이 전후장단의 양상을 잃지 않는 것을 말한다.

이 십세라는 시간의 파악은 화엄의 독특한 것이다. 불교에서는 자
주 3세라고 하지만, 그것은 말할 것도 없이 과거·미래·현재이다. 그
러나 과거의 어떤 시점을 취하면 그것을 경계로 그 이전과 이후가 있
게 된다. 나의 탄생의 순간을 과거의 현재라고 한다면, 그 이전은 과
거의 과거이고 그 이후는 과거의 미래가 되어 과거에 3세가 있게 된
다. 미래의 어떤 시점을 미래의 현재라고 한다면 그 이전이 미래의
과거, 그 이후가 미래의 미래가 되어, 미래에 3세가 있게 된다. 이렇
게 하여 과거·미래·현재에 각각 3세가 있게 되며, 전부 9세가 된다.
이것의 총체를 1세라고 보고 전부 10세가 되는 것이다. 화엄종에서는
이와 같이 시간을 보고 있다. 이 십세의 법 즉 존재[제법]는 각각 별개
로 다른 것이지만 상즉·상입하며 서로 관계하며 융합하고 있다는 것
이 성립한다는 것이 십세격법이성문이다. 사사무애법계는 단순히 공
간적 뿐만 아니라 시간적으로도 성립하고 있는 것이다.

단지 대승불교에서는 현재실유·과미무체[현재의 존재는 존재하지만, 과거
나 미래의 존재는 존재하지 않는다]라고 말하는 것이 시간과 존재에 관한 기
본적 입장이었다. 만약 과거와 미래는 본래 존재하지 않는다고 한다
면, 이와 같은 3세 내지 9세, 10세의 법의 관계는 성립한다고 말할 수

있을까. 그러한 것은 속임수가 된다. 이것에 대하여 화엄종에서는 과거의 현재의 법, 미래의 현재의 법은 일단 존재한다고 보고, 그 법 사이의 관계를 본다. 실제 현재 지금은 어느 세에서도 존재할 것이다. 그 어느 것의 현재를 근거로 하여 나아가 9세 10세를 말하는 것도 그렇게 이상하지는 않을 것이다.

이렇게 공간적 뿐만 아니라 시간적으로도 존재 그 자체[법]가 중중 무진으로 서로 융합하며, 더욱이 각각의 것이 성립하고 있는 것이다.

지금 여기에 온전히 서다

여기에서 도겐의 '유시'의 권에 나오는 다음의 말은 이해하기 쉬울런지도 모르겠다.

> 유시에 경력(經歷)의 공덕이 있다. 소위 오늘부터 내일로의 경력이 있고, 오늘부터 어제로의 경력이 있고, 어제로부터 오늘로의 경력이 있다. 금일부터 금일로의 경력이 있고, 내일부터 내일로 경력이 있다. 경력은 각각의 때에 공덕이 된다. (『道元 上』日本思想大系 12, 258項)

단 이것도 일체는 절대현재의 현재에 서있다고 하는 것이 될 것이다. 도겐이 말하고 싶은 것은 오히려 일체는 지금으로부터 지금에로라는 것으로, 거기에 근원적인 주체가 성립한다고 하는 것이다. 그것이 불교 시간론의 근본인 것이다. 지금 온전히 서있고, 지금 온전히 되어갈 때 전체 작용하는 절대의 생명으로 살아가는 것이 된다.

12시를 사용하다

마지막으로 덧붙이지만, 옛날 조주(趙州)라는 유명한 선승이 있었다. 『무문관(無門關)』이라는 선서의 최초 제1칙은 어떤 수행자의 "개에게도 불성이 있는가."라는 물음에 조주화상이 "무(無, 없다)"라고 답했다고 하는 것이다. '일체중생 실유불성'이라는데 왜 '무'인가. 우선은 이것을 분명히 해야 할 것이다. 자 독자 여러분들은 어떻게 생각하실까.

그것은 차치하고, 이 조주화상은 어떤 수행승이 "묻기를 12시 중 어떻게 마음을 쓰는가."라고 물었을 때, "스승[=조주]이 말하길, 그대는 12시로 사용하지만, 노승은 12시를 다 사용했다."고 답했다. 그대는 12시로 사용되고 있지만, 나는 12시를 사용하고 있다고 한 것이다. 불교의 시간론을 배운다고 한다면, 12시로 사용되는 것이 아니라, 12시를 사용하고 있는 것이 아니면 안 될 것이다.

결

—

'철학으로서 불교'라는 시점

❀ 결 ❀
'철학으로서 불교'라는 시점

독특한 '지'의 방식

지금까지 '존재·언어·마음·자연·절대자·관계·시간'이라는 주제를 설정하여 불교사상 속에서 그 내용을 살펴보았다. 이들 주제는 모두 우리들 세계의 근원적인 문제이다. 불교는 이것들에 대하여 깊이 있게 고찰해 가는 사색을 전개하고 있다. 불교에는 다름 아닌 철학이 있다는 것을 알 수 있을 것이다. 그것도 극히 정치(精緻)한 논리적인 탐구가 있는 것이 알려졌다고 생각된다. 더욱이 그것들은 서양 철학사에서는 겨우 현대에 이르러 자각되었거나 아직껏 자각되지 않은 채로 있거나 한 것으로 실로 신선하고 첨단적이라는 것도 엿볼 수 있었다고 생각된다.

물론 역사적으로 일찍 인식하고 있었다고 하여 그것이 뛰어나다고 하는 것은 아니다. 그러나 서양에서도 논의되어진 것처럼 그 '지(知)'는 결코 국지(局地)적·국시(局時)적인 것이 아니라 오히려 보편적이며 유구한 시간을 관통하는 진리를 말하고 있음을 알 수 있다.

본래 철학이란 '지[소피아, sopia]를 사랑하는 것[필로, philo]'을 말한다. '지'를 사랑한다면 스스로 동서고금의 '지'의 방식을 탐구하고, 인류의

'지'의 축적된 지식 앞에 겸허하지 않으면 안 된다. 이때 철학은 서양에만 있는 것이 아니라 불교 등의 동양사상에도 존재하고 있음을 놓쳐서는 안 된다. 동양 즉 중국이나 한국 그리고 일본에는 철학이 없다고도 말하지만, 결코 그렇지 않고 지금까지 보았듯 특히 가마쿠라 시기까지는 실로 독창적이며 깊이 있는 철학도 크게 드러나고 있다. 그 중에서도 천태종이나 진언종에서는 세계관의 체계적인 탐구에 관한 논의가 빈번하게 이루어지고 있다.

더욱이 거기에 있는 '지'는 단순히 이성의 영역에 머무르지 않는다는 특질도 있다. 불교의 궁극의 '지', 깨달음은 선정과 불가분이며, 주관객관 내지 신심의 분열을 소급하는 생명의 원점에 근거하는 '지'이기도 하다. 따라서 그 논리는 대상논리를 초월한 독자의 시점에 근거한 것이다. 그 독특한 '지'의 방식을 지금 필자 나름의 방식으로 설명해 보았던 것이다.

자기와 세계에 관한 진실과 진리

말할 것도 없는 것이지만, 나는 단지 불교가 철학이라는 것만을 주장하려고 한 것은 아니다. 불교는 본래 종교이며, 생사 문제의 해결을 가장 중요한 일로 삼고 있다. 그 기사구명(己事究明)을 중심과제로 삼는 종교로서는 한편에서 번뇌에 둘러싸인 자기가 어떻게 구원이 되는가에 대한 절실한 생각이나 바람에 부응하는 면이 있다. 거기에는 깊은 신심 즉 어쩔 수 없는 자기의 자각과 초월자에 둘러싸인 사실에 대한 자각이라는 신심을, 그 초월자의 측면에서 함께 축복을 받는다는 부사의(不思議)한 점도 있다. 혹은 신심의 행법을 통하여 대상적인 지를 뛰어넘는 속에 자기가 무한히 열리고 동시에 지금 여기에 있어서 이 소중한 생을 온전히 살아가는 일을 실현하기도 한다.

그러한 입장에서 말한다면 불교는 단순한 철학이 아니며 단순한 지도 아니라는 의견이 제기되는 것도 당연할 것이다. 나도 단지 불교는 철학이라는 것만을 말하려는 생각은 없다. 불교는 종교인 것이 근본이며 혹은 거기에서 또 윤리나 도덕으로 등장할 가능성조차 전망할 수 있다. 그런 의미에서는 '종교로서의 불교'나 '윤리로서의 불교' 등도 당연히 분명히 해야 할 하나의 주제가 된다.

그러나 그 종교로서의 불교 속에 극히 논리적으로 자기와 세계에 관한 진실과 진리를 규명하고 동시에 표현하여, 거기에 말하자면 철학으로서의 측면이 있는 것도 사실이다. 나는 본서에서 그 방면을 소개한 것이지만, 실로 존재·시간·언어 등 광범위한 문제에 걸쳐 한없이 깊은 '지'가 불교 속에 풍부히 존재하고 있는 것이다. 혼란이 심화된 현대사회에서 이 불교의 귀중한 철학을 다시 한 번 진지하게 되돌아보는 것도 좋은 일이라 생각된다.

이성에 대한 과신의 문제

이 불교사상이 현대사회에서 가지는 의의를 재확인하기 위해 여기에서 현대라는 시대의 상황에 대하여 대략 개관해보기로 한다. 근현대사를 개관하면 지금은 기독교나 마르크시즘 등이 지녔던 정신적·문화적인 일원적 가치가 붕괴하고 사상 가치관의 다원화가 진행되었다. 절대라고 하는 것은 없어졌다고 하는 포스트모던으로 불리는 상황이다. 한때는 만능이라고 생각된 과학도 또 그 절대적인 가치를 잃고 있다. 과학기술은 결국 갖가지 문제를 일으키고, 주객이원론에 근거하는 대상논리와 요소환원주의를 특질로 하는 과학적 지로서는 해명할 수 없는 것이 많다는 것이 널리 인식되어 왔기 때문이다. 지금은 인류를 지배하는 일원적 가치 같은 것은 존재하지 않는다고 말할 수 있다.

그러나 한편에서는 경쟁원리에 근거하는 시장경제 지상주의와 같은 경제적·제도적 일원적 가치가 대두하였다. 소위 글로벌 스탠다드의 석권이다. 그렇지만 그 속에서 격차가 벌어지는 한편, 그 반대로 지역의 독자성 존중을 요구하는 다원주의에 대한 요청도 일어나고 있다. 글로벌한 관계가 긴밀하게 되면 될 수록 로칼적인 다원성의 실현이 요청되고, 물질적으로도 정신적으로도 일부에 의한 다수의 지배가 아닌 다양성·다채성의 공생이 요구되고 있다.

이렇게 보면 현대는 다원화의 시대라고 우선 볼 수가 있다. 기독교의 유일 절대의 진리가 의문시된 것은 인간 이성의 발전에 의한 것이라 할 수 있다. 마르크시즘이 무너진 것은 역사가 논리만으로 진행되지 않는 것을 말하고 있다. 과학이 난관에 처한 것은 끝없는 이성편중의 결과라고 할 수 있다.

결국 정신적·문화적인 일원적 가치의 붕괴는 거의 인간 이성에 대한 과도한 신뢰가 빚어낸 문제이다. 한편 새로운 경제적·제도적 일원적 가치 즉 경쟁원리도 앞에서 말한 원자적 개인관, 효율지상주의에 근거하는 것으로 역시 인간의 이성[합리성]에 대한 무반성적인 신뢰에 근거하는 것이다. 요컨대 인간의 이성에 대한 과신이 금일의 갖가지 문제를 일으키고 있다고 할 수 있을 것이다. 인간 이성에 대한 신뢰의 과정을 근대화라고 한다면, 현대는 근대화가 가져온 갖가지 모순이 분출하고 있는 시대라고 말할 수 있을 것이다.

타자문제로서 환경문제

그러한 속에 현대사회의 구체적 문제로서 국제적으로는 역시 환경문제, 남북 간 격차의 문제, 국내적으로는 경쟁원리에 근거하는 격차의 문제 등이 있다.

전체적으로 특히 최근 환경 문제로부터 발전하여 서스테이너빌리티(sustainability, 지속가능성, 또는 유지가능성)의 문제도 크게 관심을 모으고 있다. 확실히 오늘날 온난화의 문제가 주목을 받아 온실효과 가스 삭감에 대한 합의의 문제가 국제사회 초미의 과제가 되고 있다. 하지만 서스테이너빌리의 문제는 물론 그 자체만이 아니라 거기에는 인구문제·식량문제·물문제·위생 내지 안전의 문제·빈곤의 문제·분쟁 등 사회적 갈등의 문제를 비롯한 갖가지 문제가 포함되어 있다. 어떠한 것도 지구사회 전체의 안전과 유지가능성을 손상시킬 수 있는 심각한 문제이다.

일시적으로 환경 문제가 과학기술에 의해 극적으로 개선 또는 해결되었다 해도 인간사회에 내재된 지배 – 피지배, 억압 – 피억압과 같은 관계가 계속 유지되어 아니 오히려 확대되어 간다고 한다면, 지구사회의 모순은 어떠한 것도 해결되지 않게 된다. 선진국이 일방적으로 풍요함을 독점해가는 경우 빈곤에 시달리는 사람들의 비율이 더욱 증대하여 혹시라도 대량의 아사자(餓死者)가 나온다고 한다면 이것은 역시 지구사회 전체에 있어 건전한 지속이라고는 결코 말할 수 없다. 천재(天災)든 인재(人災)든 그 피해는 자주 약자에게 집중해 나타난다. 일부의 인간에 의한 사람과 자연의 지배 착취가 더욱 미래에도 계속 이어진다면 실로 지구사회의 서스터너빌리티는 위험해진다.

서스테이너빌리의 문제는 우리들이 미래세대 타자들의 풍요로워야 할 인생을 어떻게 손상시키지 않고 유지시켜야 할까 하는 문제이다. 현재 존재하지 않는 타자와의 관계도 현대의 우리들에게 실로 절실한 문제라는 것을 자각해야 할 것이다. 환경문제는 그런 의미에서 타자의 문제이다. 이때 우리들은 지금 단순히 미래세대의 타자만이 아니라 동시대의 타자와의 관계도 절실히 되물어야 할 것이다.

다행히 현대사회에 있어서는 타자의 존재를 돌아보지 않고 개인[내지 일부 선택된 자]의 욕망을 한결같이 추구하는 입장으로는 다수의 비참한 상황을 만들어 낸다는 것에 대한 인식과 반성이 일부의 사람들에게 공유되고 있고 고발도 이루어지고 있다. 인간 우위의 입장으로 환경의 오염, 파괴를 끝없이 진행해 간 것에 대한 반성도 이 속에는 담겨있다. 그 조류는 개인주의와 경쟁원리에 의거하는 시장경제 지상주의라는 글로벌 스탠다드의 석권에 대한 필사의 반항이라는 의미를 갖게 될 것이다. 그렇더라도 아메리카의 금융위기에 촉발된 이 시장

경제 지상주의는 실로 금일[2008년 가을 이후]에 있어서는 보기 좋게 끝이 나버렸다.

이와 같이 앞으로의 현대라는 시점에서는 단순한 이성편중 = 대상 논리의 입장을 극복하며 타자와의 관계를 재정립하고 지구사회의 신질서를 어떻게 구축해 가는가가 절실한 문제가 되고 있다.

개편에의 단서

이러한 위기적인 전환기야 말로 도리어 근원적인 깊은 철학적 성찰이 필요한 것이다. 새삼스레 자기의 본질 나아가 존재나 인식 등 세계의 근원에 까지 나아간 근원적인 통찰이 요구되어지는 것이다. 그러한 철학이야말로 가령 사회의 운영에 직접 관여하지 않더라도 우선은 현 체제의 문제점을 근원적으로 비판할 수가 있다. 역시 개인주의에 근거한 경쟁원리에만 의존한 시장경제 지상주의에는 본래의 인간의 혹은 공동체의 방식에서는 좌시할 수 없는 것조차 있다고 할 수 있다. 이때 철학은 인간 생명의 근원적인 방식을 토대로 어떠한 인간도 각각의 자기실현을 이룰 수 있는 사회제도 설계의 근본이념 등을 세상에 제시할 수 있는 것이다. 거기에 철학의 큰 역할이 있다고 생각된다.

아마도 불교도 종교로서, 철학으로서 진정으로 그러한 역할을 진지하고 성실하게 담당해 가는 것이 요구되고 있는 것이다. 실제 현대 사회에서 과제가 되는 사회의 방식, 개인 삶의 모색을 전망, 지원하는 것은 불교로서는 상당히 가능한 일이기도 하다. 본래 일반적으로 종교의 세계는 자주 원자적인 개인의 입장을 초월하고 경쟁 내지 억압과 차별에는 반대하며 인간 우위의 입장에 비판도 가지며, 초월적인 입장에서 세간세속의 세계나 가치의 상대화 시점조차 가지고 있기 때문이다.

종교의 세계에서는 대부분의 경우 개인은 개인으로서 완결하지 않고, 무엇인가 개인을 초월하는 존재에 의해 성립하며, 그 개인을 초월하는 것에 대한 외경의 염(念)을 갖는 경우가 많다. 더욱이 타자도 동일한 초월적 존재 속에 성립하며, 거기에서 자타는 본질적으로 공동체적 존재인 것도 자각된다. 그것도 인간만이 아니라 다른 생명을 가진 것에도 동일한 구조를 본다. 그런 까닭에 자타간의 깊은 공감도 성립하며, 오히려 공통된 고에 대해 서로를 이해하여 약자에 대한 배려는 자연스러운 일이 된다. 이것은 마침내 억압과 불공정에 대한 프로테스트로서 행동하는 것이 될 것이다.

그와 같이 아마도 종교의 대다수는 개인주의나 경쟁원리 등의 근저에 있는 이성 중시의 입장, 이원 대립 속에서의 일방에 대한 취사선택, 분할과 지배의 입장, 대상논리 등과는 본질적으로 다른 원리나 세계관을 표현하고 있다.

물론 불교의 철학에는 풍부하게 그러한 사상이 전개되고 있다. 이성 편중으로부터는 보이지 않게 된 세계의 방식이 거기에는 풍부히 표현되고 있다. 그것은 관계주의적 세계관이거나 삶이 곧 죽음[생즉사(生卽死)], 현실이 곧 실재[현실즉실재(現實卽實在)], 죄가 곧 구제[죄즉구제(罪卽救濟)] 등의 통찰이기도 하며, 인간존재의 심오함에 바탕을 둔 생명의

찬가이기도 하다. 그 대부분은 피폐해 버린 '현대사회'를 보다 인간적인 방향으로 만들어 줄 개편 안에 중요한 단서를 가져다 줄 것이 틀림없다.

자기는 타자의 전체라는 철학

앞에서 철학의 입장에서 갑자기 사회의 문제를 거론한 듯하지만, 실은 현대사회의 문제들을 잘 염두에 두고 있는 것이야말로 불교의 인간관, 세계관의 탐구가 필요한 것으로서, 앞서 서술한 각 장도 이런 문맥에서 재삼 돌아 봐 주었으면 한다. 거기에는 산심으로서의 개체와 환경세계가 하나라고 하는 것에 한 개의 생명[자기]이 드러나며 지금 내가 서있는 이 자리가 시공의 중심이라는 입장을 표명하였던 것이다. 통상의 인간관, 세계관을 근저로부터 해체할 수 있는 신선한 '지'가 존재하고 있는 것이다. 어떤 것이든 자기와 세계의 진실을 요해, 확인하기 위한 중요한 단서를 제공하고 있다고 말할 수 있다.

그러한 가운데 특히 타자와의 관계를 재정립하는 과제와 관련하여 불교가 보고 있는 자기의 방식 즉 자타불이(自他不二)의 방식을 다시 한 번 구체적으로 살펴보기로 한다. 거기에는 다양한 시점이 있을 수 있지만, 지금은 지면의 관계상 단 하나 구카이의 밀교를 기술하기로 한다.

구카이가 『비밀만다라십주심론(秘密曼多羅十住心論)』과 『비장보약(秘藏寶鑰)』에서 '십주심'의 사상을 전개한 것은 이미 서술하였다(103-105쪽 참조). 이것은 인간 마음의 추구라고 말할 수 있지만, 특히 제7 각심불생심(覺心不生心, 삼론종)에서는 단지 절대부정 속에 들어가며, 제8 여실일도심(如實一道心, 일도무위심이라고도 함, 천태종)에서는 그대로 절대긍정으로 되살아난다. 그 절대의 '죽음'을 거쳐 부활하는 것은 대다수 종교에 있어 공통의 특징이라고도 할 수 있다. 그것은 다른 문화 영역에 보이지 않는 종교 세계만의 독자의 특질이며, 여기에 세간세속의 가치를 근원적으로 비판할 수 있는 기반이 있는 것을 잊어서는 안 된다.

나아가 제9 극무자성심(極無自性心, 화엄종)에서는 그 절대도 절대적으로 스스로를 부정하며[진여불수자성], 무진의 연기를 이루는 현상세계[사사무애법계]만이 나타나게 된다. 그리고 최후의 제10 비밀장엄심(秘密莊嚴心, 진언종)에서는 결국 자심(自心)이란 모든 부처와 존자 등의 만다라[윤원구족(輪圓具足)] 그 자체라고 주장하고 있다. 화엄사상에서는 일반적으로 사상(事象) 간에 무한의 연기적 세계를 말하고 있지만, 이 만다라에서는 그것이 모든 인격[몸] 사이의 연기적 세계로서 말하자면 입체화되었다고 볼 수 있고, 더욱이 그 세계 전체가 즉자기(卽自己)에 지나지 않는다고 보고 있는 것이다. 제3장에서 소개한『비밀만다라십주심론』의 제10주심 서두의 다음 구절은 단적으로 그것을 보이는 것이라 할 수 있다.

비밀장엄주심이란 곧 이 구경의 경계로서 자심의 근저를 각지하며, 여실하게 자신의 수량(數量)을 증오(證悟)한다. 소위 태장계회의 만다라와 금강계회의 만다라와 금강정18회의 만다라가 이것이다. 이와 같이 만다라에 각각 4종만다라, 4지인 등이 있다. 4종이란 마하와 삼매야와 달마와 갈마가 이것이다. 그와 같이 4종만다라 그 수 무량이다. 미진조차도 비유할 수 없고, 바다의 물방울도 어찌 비유할 수 있겠는가.(『弘法大師全集』 第1輯, 397頁)

즉 자심의 근저에 저 만다라로 표현되어질 수 있는 모든 부처와 존자 등이 존재하고 있는 것을 말하고 있다. 그리고 동일하게 구카이의 『즉신성불의』의 '즉신성불송'에는 다음과 같이 말하고 있다.

육대무애(六大無碍)로서 항상 유가이고,
사종만다라(四種曼茶羅) 각각은 떠나있지 않고,
삼밀가지(三密加持)하면 속질(速疾)로서 나타나며,
중중제망(重重帝網)한 것을 즉신(卽身)이라 이름한다.(前揭書, 507頁)

삼밀가지하여 즉신성불했을 때, 자기란 제석천의 궁전에 걸려 있는 장식품의 구슬 망에 비유되는 듯한 일체 타자와의 중중무진의 관계 전체에 지나지 않는 것이 자각, 실현 된다고 하는 것이다. 그 무진의 관계는 공간적 뿐만 아니라 시간적으로도 확대되어지는 것은 말할 것도 없다.

여기에는 자기가 실은 시간적·공간적으로 모든 타자의 전체라고 하는 일상적인 이해에 있어서는 극히 불가사의한 자기관·인간관이 있다. 근대적 합리주의로서는 도저히 미칠 수 없는 자기요해이다. 그러나 그것은 단순히 공상과 몽상이 아니라 수행 체험에 근거한 확신도 있는 논리적으로도 이해 가능한 언설이기도 한 것이다.

함께 긴장하다

좀 더 덧붙이면, 구카이에 의해 현교의 최고위로 간주된 화엄종에서 설하는 '진여수연 불수자성'(眞如隨緣不守自性, 진여는 연을 따르며 자성을 가지지 않는다)은 니시다 키타로의 종교철학에 있어 "절대자는 절대로 스스로를 부정하여 상대로 바꾼다."는 것과 호응하며, 또 그 화엄에서 설하는 사사무애의 중중무진의 연기의 세계는 니시다 철학의 "개체는 개체에 대하여 개체다."라는 명제와 호응하고 있다. 유일의 둘도 없는 개인은 실제로는 타자와 관계없이는 있을 수 없는[개체는 홀로는 성립하지 않는다] 모순적 태도가 개의 실상인 것을 분명히 하고 있다 (155쪽 이하 참조). 니시다의 종교철학과 화엄사상과의 관계는 앞으로 더욱 규명되어야할 흥미 깊은 주제이지만, 개인의 성립에 관해서는 거의 동일한 논리구조를 말하고 있다고 할 수 있다. 혹은 사물과 사물의 무진의 연기를 설하는 화엄의 사사무애법계보다도 구카이가 설하는 인격적인 개개의 무애섭입(無礙涉入)을 표현하고 있는 만다라 세계의 기반 위에 니시다 철학을 올려놓고 보는 것도 흥미 깊을지도 모른다.

앞서 환경문제는 타자의 문제라고 말했지만, 이러한 근원적인 자기요해에 근거하여 구체적인 인간사회의 조직, 질서를 구상할 때는 아마도 단순한 경쟁원리만을 채용하지는 않을 것이다. 타자는 타기(他己)가 되고, 타자의 고통은 자기의 고통이 되어 대비심이 근본에 생겨날 것이 틀림없다. 자비(慈悲)의 비 즉 카루나(Karuṇā)란 말의 의미는 "함께 몸을 떨다"라고 한다. 공감(共感), 공고(共苦)를 근본으로 한 세계가 여기에서 성립할 가능성이 생기는 것이다. 미래의 세계를 개척하기 위해서는 이러한 근본적인 자기의 요해로부터 사회의 제도 설계에 까지 나아가야 할 것이다.

그와 같이 불교는 현대사회의 위기적인 상황을 극복해 간다는 과제에 대하여 철학으로서의 깊은 '지'를 가지고 있는 것으로부터 향후 다수의 공헌을 할 수 있다고 생각한다.

종교와 윤리·도덕의 차이

그렇더라도 이 정도의 사상을 가지고 있는 불교가 무슨 이유로 오늘날 그다지 사회 속에 힘을 가지고 있지 못한 것일까. 아니 진종이나 일련종의 신불교 등은 상당히 광범위하게 사람들의 삶을 지탱하고 있는 것도 사실일 것이다. 다른 천태종이나 진언종, 염불이나 선 등도 다수의 신자를 두고 각각 성실한 활동에 노력하고 있다. 하지만 사회 일반에 큰 영향력을 끼치고 있다고 하는 것에는 역시 부족한 느낌을 갖는다. 불교가 가지고 있는 본래의 힘이 사회 전체에 충분하게 발휘되고 있다고는 생각지 않는다. 대체 이것은 어찌된 일일까.

생각나는 대로 그 원인을 살펴보면, 먼저 종교라는 것은 앞에서도 말했듯이, 사회적 관심을 전개하기보다도 아무래도 실존의 문제 자기의 문제에 깊게 관여하고 있다. 도겐도 "생을 포기하고 사를 포기한다는 것은 불가(佛家) 일대사의 인연이다"라고 말하고 있다(『正法眼藏』「諸惡莫作」『道元 上』日本思想大系 12, 363項). 여기에서 불가라는 것은 불교도라고 생각하면 좋다. 생사를 탐구하는 것이야말로 불교 내지 종교의 일대문제인 것이다. 그것은 사후 어떻게 되는가 등을 아는 것이라기보다도 지금 여기에서 자기란 무엇인가의 문제에 마음으로부터 수긍이 가는 것이라고 말해도 좋다. 그런 까닭에 니시다 키타로도 종교의 문제는, 자기란 무엇인가, 자기가 있다는 것은 어디에 있다는 것인가의 문제라고 말하고 있다. 니시다는 다음과 같이 말하고 있다.

> 종교의 문제는, 우리들의 자기가 활동하는 것으로서 어떻게 있어야 하는가, 어떻게 작용해야 할 것인가에 있는 것이 아니라, 우리들의 자기란 어떠한 존재인가, 무엇인가에 있는 것이다. (중략) 사람들은 왕왕 오직 혼미 속에 헤매는 자기의 불완전성의 입장에서 종교적 요구의 토대를 세우려고 한다. 그렇지만 단순히 그러한 입장에서는 종교심이라고 하는 것이 나오지 않는다. 투기꾼들도 잘못에 처하며 그들도 자신의 무력감을 비참하게 느낀다. 또 종교적으로 혼란스러운 것은 자기의 목적에 혼란스러운 것이 아니라 자기의 존재 자체가 혼란스러운 것이다.(『場所的論理と宗教的世界觀』『西田幾多郎全集』第10卷, 322-323項)

니시다는 윤리·도덕은 자기가 어떻게 행위해야 할 것인가의 문제이지만, 종교는 그 자기가 본래 무엇인가의 문제로서 양자는 실은 다른 문제와 관계하고 있다고 지적하고 있다.

자기는 어떻게 행위해야 하는가라는 문제의식에서는 자기 그 자체가 어떠한 의심의 대상도 아니며, 오히려 자명한 존재로서 받아들여져 그 자기가 어떻게 하면 '의'로운가가 관심의 표적이 되고 있다. 선인(善人)이라는 '의'로운 존재로 자기가 어떻게 하면 될 수 있는지, 그 자기를 얻는 것이 추구의 대상이 되고 있다. 이것에 대해 종교라는 세계에서는 이 자기 그 자체가 대체 무엇인가가 의문의 대상이 되며, 기사구명(己事究明) 그 자체가 주제가 되고 있는 것이다.

이렇게 윤리·도덕과 종교가 본질적으로는 전혀 다르다는 것을 예리하게 지적하고 있다. 우리들은 이 종교와 윤리에 관한 근본적인 차이점을 잘 이해해 둘 필요가 있다. 그리고 이 자기란 무엇인가의 문제를 둘러싸고 그 문제를 근원적으로 규명해가기 위해서는 세계란 무엇인가의 광범위한 문제도 또 하나하나 해명해 가야 할 것이다. 거기에 존재·언어·인식·시간 등의 문제도 관련되어지는 것이다.

어쨌든 이 종교에서 자기를 규명한다는 문제는 매우 깊고 큰 문제로서 여기에서 현실 사회로 나아가는 것이 때로는 극히 어려운 일이 될 수도 있다. 자기를 추구하는 것만으로도 인생의 많은 시간을 써야 할 수도 있는 것이다. 그렇더라도 그 규명되어야할 본래의 자기는 실은 자타불이(自他不二)의 자기로서 스스로 사회성이 나오지 않을 수 없는 것이다. 여기에 종교로부터 윤리·도덕에의 길도 생겨날 것이다. 곧 현실 사회로의 통로가 나타나는 것이다. 이것은 본래 진지하게 추구되어야할 것이지만, 일본의 불교에 있어서는 아직 충분히 검토되지 않은 것도 사실이다.

일본불교의 과제

그것에 덧붙여 일본불교가 철학·사상으로서 그다지 사회적 힘을 갖지 못한 이유로 다음과 같은 것을 들 수 있을 것이다.

1. 불교단체가 항상 국가 주도 속에 있어 시대의 과제에 대하여 주체
   적으로 사색하는 전통이 생기지 않은 것.
2. 일본불교의 전개는 그 자체로 말법의 세상에 민중들의 이행(易行)
   에 의한 구원에 중점이 두어져 가마쿠라 신불교 이후 복잡한 교리
   는 그다지 돌아보지 않게 된 것.
3. 종파불교가 중심이 되어 형식화 된 것으로, 불교[대승불교]의 근본
   적 입장에서 사물을 생각하는 방식이 희박하게 된 것.
4. 에도 시대에는 막부의 종교정책에 의해 불교의 활발한 활동은 종
   문내의 일이 되어 쇄말훈고(瑣末訓詁)의 학에 빠진 것.
5. 메이지시대의 배불훼석(排佛毀釋)에 의해 불교의 힘이 크게 쇠약해
   진 것.
6. 근대 이후 서양 불교학의 도입에 의해 문헌학이 주류가 되어 전통
   교학의 깊이 있는 사상이 계승, 전개가 이루어지지 않은 것.

아마도 지금 일본에서 불교라고 하면 곧바로 상기되는 것은 염불
과 창제 혹은 좌선 등의 불교가 아닐까. 소위 가마쿠라 신불교의 이
행으로서의 한 가지 행법을 선택한 방식의 불교이다. 하지만 그것들
이 나타난 배경에는 나라 시대나 헤이안 시대의 불교가 있었다. 곧
법상·화엄이나 천태·진언의 불교가 있었던 것이다. 거기에는 대단한
철학적 자양분이 있었다. 그 깊은 세계관은 지금까지 보아왔듯이 현
대에도 이어지는 오히려 초(超)모던의 뛰어난 사고방식을 가진 것이
었다.

물론 가마쿠라 시대 이후의 이행 내지 신심의 불교의, 실은 사상적으로 놀랄 만큼의 깊이도 또 놓칠 수는 없다. 그렇긴 하지만 그것만 쫓아가는 속에 나라·헤이안 불교의 웅대한 우주론을 설하는 깊은 철학을 잊어버린다면, 약간은 아쉬운 기분이 든다. 특히 혼돈이 깊어지는 시대에는 다시 한 번 사물을 근본에서 생각해보지 않으면 안 되는 것이다. 종파성을 떼어 내고 본질에 다가가야만 하는 것이다.

이때 더욱 불교가 본래 가지고 있던 풍부한 사상, 논의에 귀를 기울여야 할 것이다. 그리고 그것들을 현대사회의 과제에 부응할 수 있도록 더욱 단련해 갈 필요가 있다. 여기에는 기성의 불교교단도 진지하게 대응해 갈 필요가 있고, 한편 일반 개인에 있어서도 또 본래 근원적으로 철학적 사색을 전개하는 불교사상을 배우는 속에 그러한 시대의 문제를 생각하고, 불교의 방식에 영향을 주는 것은 대단히 의미 깊은 일이 될 것이다.

이 때 이 책이 그 첫 걸음으로서의 가이드 역할을 한다면 매우 기쁠 것이다.

후기

❀ 후기 ❀

나는 보통의 가정에서 태어났고 소년의 시절에도 불교와는 전혀 인연 없이 교육을 받았다. 그것이 어느 때인가부터 불교를 공부하는 뜻을 세우고 이래 하물며 40여년이 지났다. 대학에 들어가기 전부터 여러 책으로부터 영향을 받아 불교의 세계에 동경을 갖게 되었다. 지금 40여년이 지났다고 생각되지만 그 사이 충분히 연구에 몰두하는 일도 적었고, 아직 뜻한바 경지에 도달하지 않은 것을 마음속으로 아쉽게 생각하고 있다.

하지만 그렇다 해도 불교의 사물에 대한 이해방식, 사고방식과 만나 다양하고 신선한 지견을 얻을 수 있었던 것은 정말 다행이라 생각한다. 불교사상과 만나지 않았다면 이와 같이 깊은 진실을 추구하는 자기와 세계의 사유방식을 얻지 못했을 것이다. 그것들을 얻음으로써 내 마음이 얼마나 풍요롭게 되었는지 알 수 없을 정도이다. 적어도 이것들을 알게 된 경우와 알지 못했다고 했을 경우의 차이는 일회성의 인생에서는 운니(雲泥)의 차이라고 해도 무방할 것이다.

나는 불교학의 세계에 들어갔지만, 거의 자신의 관심과 문제의식에 이끌린 채로 불교사상을 연구하였다. 따라서 내가 연구해 온 분야는 조금 다양한 편으로, 대략 말한다면 네 개의 영역으로 분류할 수 있다. 첫째는 유식사상의 연구이며, 둘째는『대승기신론』및 화엄사상 연구, 셋째는 선사상 및 일본불교 연구, 넷째는 니시다 키타로, 스즈키 다이세츠(鈴木大拙)의 종교철학 연구이다. 이것들을 관통하는 입장은 종교적 구제라고 하는 것에 대한 주체적 관심에 근거하는 철학적 연구라고 할 수 있을 것 같다.

오늘날의 불교학은 일반적으로 문헌학적 방법에 근거한 사상사 연구라고 할 수 있다. 일본의 불교학을 담당하는 대부분의 연구자가 종단의 관계자로서 자기가 소속된 종문의 사상·가치의 재검토를 피하는 경향이 있고 가치판단을 유보하는 객관적 연구로 대다수가 나아가는 것이 그것과 깊이 관계한다고 말할 수 있다. 나 자신은 철학적 관심이 강하여 예를 들면 니시다 키타로의 종교철학과 불교의 교리를 대조하는 가운데 불교사상의 새로운 의미를 찾으려고 하고 있다.

생각건대 불교는 특히 철학적인 종교이다. 그것은 내가 현재 봉직하고 있는 도요대학(東洋大學)의 학조(學祖) 이노우에 엔료(井上圓了) 박사의 다음과 같은 말로 분명하다.

> 이미 철학계 내에서 진리의 달을 발견하고, 다시 돌아보아 구래의 여러 종교들을 보니, 기독교가 진리가 아닌 것이 더욱 분명하고, 유교가 진리가 아닌 것도 또 쉽사리 증명할 수 있다. 단지 불교에 이르러서는 그 가르침, 크게 철리에 합치하는 것을 본다. 내가 이제 다시 불전을 펴보고 그 가르침이 진리인 것을 알고, 박수를 치며 갈채하며 말하길 "어찌 몰랐을까, 구주에서 수천 년 탐구하여 얻은바 진리 일찍이 이미 동양에서 3천 년 전의 태고에 갖추어져 있었음을." (『佛敎活論序論』)

엔료 박사는 소년시절부터 기독교, 유교, 서양철학과 진리를 탐구하며 방황하고 있었다. 그리고 마침내 서양철학의 세계에서 그 진리를 만났다고 생각하였던 것이다. 그러나 그것은 본래 불교에 있었던 것이 아닌가 생각하게 된 것이다[오늘날 다시 보면 기독교에도 깊은 진리가 담겨있다고 생각되지만]. 이렇게 하여 엔료 박사에게 있어서 철학과 종교[불교]는 하나의 것에 대한 양면으로 보였던 것이다.

> 내가 생각컨대 철학의 궁극적 의미는 이론상 우주진원(宇宙眞源)의 실재를 규명하고, 실제상 그 본체에 내 마음을 결탁시켜 인생에 낙천(樂天)의 일도를 여는 것에 지나지 않는다. 여기에 그 체를 이름하여 절대 무한의 존(尊)이라 한다.(『哲學堂案內記』)

> 나의 신앙을 고백한다면, 표면으로는 철학종(哲學宗)을 믿고 내면으로는 진종(眞宗)을 믿는 것이다.… 이것과 동시에 그 체는 하나이기 때문에, 철학종의 방식을 내면에서 살펴보면 바로 진종이 되어 나타난다. 본래 진종에 한정되는 것은 아니다. 하나의 철학종이 내면의 관점에 따라 선종도 되고 정토종도 되며 진종도 되고 일련종도 된다.(『哲學上における余の使命』)

이 엔료 박사야말로 철학의 교수를 통하여 시대에 필요한 인재육성을 목적으로 철학관(哲學館)을 창건하고, '미타(三田)의 이재(理財, 경제, 게이오대학)', '와세다의 정치'[와세다대학]와 함께 '하쿠산(白山)의 철학'으로 지칭된 도요대학의 터전을 쌓은 것이다.

그렇듯이 불교는 철학이기도 한 까닭에, 나는 앞으로도 불교를 철학으로서 연구해 가려고 생각한다. 이미 이 책에서도 말했듯이 연기의 사상은 관계주의적 세계관이며, 공의 사상은 모든 실체론 비판을 행하며 동시에 무의 절대자의 사상과도 일치하며, 그 언어관은 비트겐슈타인이나 소쉬르에 앞서는 점이 있고, 유식의 아뢰야식 설은 프로이트나 융의 심층심리 설보다 훨씬 깊은 면이 있다. 이들 불교의 '지'는 현대철학과 충분히 깊은 대화가 가능하다고 생각한다.

그러한 불교의 사상은 또 시대를 열어 가는 것이기도 하다. 니시다 키타로는 만년에 어떤 기독교도에게 보낸 편지에, "부디 나의 철학으로부터 종교적 세계관을 연구해주시길 바랍니다. 한편으로는 물론 불교적이지만, 한편으로는 역사적, 인격적입니다. 완전히 틸리히(Tillich, 1886-1965, 20세기를 대표하는 프로테스탄트 신학자, 종교철학자 필자주) 등과도 통합니다. 그렇지만 더욱더 논리적이고 철학적입니다.…"(1945, 3/9)라고 쓰고 있다. 니시다는 불교적이면서 동시에 역사적, 인격적인 것과 같은 철학을 지향하였던 것이다. 또 스즈키 다이세츠도 "나는 즉비(卽非)의 반야적 입장으로부터 인간이라는 것 즉 인격을 찾아내려고 합니다, 그리고 그것을 현실의 역사적 세계와 결합시키려고 생각하고 있습니다…"(1945, 3/11)라고 쓰고 있다. 니시다나 스즈키는 패전의 색이 짙은 미증유의 위기적 상황 속에서 자기 철학의 방향을 확인하고 있었던 것이다.

나도 완전히 미력하지만, 이러한 문제의식을 이어받아 앞으로도 이것을 추구해 가려고 생각한다. 또 동시에 젊은 세대들이야말로 이 귀중한 '마음의 세계유산'으로서의 불교사상, 불교철학에 관심을 갖고 그것을 굳건한 마음으로 시대에 맞게 살려가 준다면, 진심으로 기쁘리라 생각한다.

　마지막으로 본서의 간행에 온 힘을 쏟아준 고단샤의 도코로자와 준(所澤淳)씨와 관계자 여러분들에게 깊은 감사를 드린다.

2009년 2월 25일

츠쿠바시 고도암(故道庵)에서 다케무라 마키오

✿ 대표역자 후기 ✿

본서는 다케무라 마키오(竹村牧男) 선생의 『입문 철학으로서의 불교 (入門 哲学としての仏教)』(講談社現代新書 1988, 講談社, 2009년 4월)를 번역한 것이다. 2009년 출간이라 시간적으로는 약간의 거리감은 있지만, 책의 내용을 읽을수록 저자의 식견과 세밀한 논술에 감탄과 탄성이 절로 나오는 명저라는 느낌을 지울 수 없다.

본서는 2018년경 인도학불교학회의 학술대회 참가 차 일본에 갔을 때 구입한 것으로, 구입 이후 책을 읽을수록 새로운 자극이 느껴져 번역을 해도 좋겠다는 확신을 가졌다. 처음에는 역자로서 혼자 번역에 임하고자 생각하였지만, 전체의 내용이 상당히 많아 맹우(盟友)인 권서용 선생(부산대, 다르마키르티연구소 소장), 이석환 선생(동국대 불교학술원)에게 도움을 요청하였다. 두 분 선생도 흔쾌하게 번역에 참가해 번역이 무사히 이루어지게 되었다. 특히 권서용 선생은 본서의 번역 이전에 다케무라 선생의 책을 번역 출간(『선과 유식』, 대원불교학술총서 22, 2024,12)한 바 있어 본서에 더욱 관심을 기울여 본서가 무사히 출간되기에 이르렀다. 아울러 이석환 선생도 초벌 번역이후 전체적인 윤문과 교정에 보다 많은 관심과 열정을 기울여 주었다. 본서가 무사히 출간될 수 있는 것은 전적으로 두 분의 수고에 의한 것으로 깊이 감사를 드린다. 참고로 대표역자로서 본인은 2024년 2월 위덕대 불교문화학과를 퇴직한 후 지성불교연구원의 원장으로 활동하고 있음을 밝힌다.

다케무라 선생은 1948년생으로 올해 연세는 77세이시다. 아마도 다케무라 선생을 처음 뵈었던 것은 1980년대 동국대학교에서였던 것 같다. 그 당시 한국에 오셔서 선생의 전공분야인 유식사상과 관련된 발표를 하신 것으로 기억하지만, 그때 이후 선생의 모습은 늘 기억 속에 남아 있었다. 일본 유학 당시나 귀국 이후 인도학불교학회에 참석차 일본을 갈 때마다 멀리서 선생을 뵈었지만, 일본 근대불교에 관심을 갖고 연구에 임하면서 책을 통해 선생을 직접 뵐 수 있었다. 특히 일본 근대기의 불교 재활에 큰 역할을 한 이노우에 엔료(井上圓了) 선생에 대해 많은 관심을 가졌을 때 다케무라 선생이 엔료 선생이 세운 도요(東洋)대학의 총장이시고 또한 엔료 선생에 대한 책을 쓰신 것도 알게 되었다. 본서의 출간에 임해 역자로서 엔료 선생에 대한 관심과 존경을 갖고 있는 것을 알렸을 때 선생은 매우 기뻐하시고 또한 흔쾌하게 본서에 대한 저자의 〈번역승낙서〉를 작성해주셨다. 올해가 77세로 희수(喜壽)를 맞이하신 다케무라 선생은 여전히 저술로 바쁘신 것 같다. 오랫동안 건강하시길 기원하며 본서를 써주신데 다시 한 번 깊이 감사를 드린다.

사실 본서가 역자에게 감동을 주었다는 것은 역자의 오랜 내면의 생각이 다케무라 선생의 글에 상당수 나타나고 있기 때문이다. 역자로서도 불교는 그 출발 당시부터 인류 정신사상 독특한 철학적 사유를 전해 주고 있다고 생각하고 있었다. 그러한 점을 다케무라 선생은 본서 "서 - 불교는 대단히 참신한 철학이다"에서 다음과 같이 말씀하고 있다.

> 실은 석존의 사상 그 자체가 그 시대의 전통적인 종교인 바라문교에 대한 완전히 참신한 신종교이었다. 전통 바라문교의 아트만(Ātman, 상주의 자아)의 사상에 대하여 그것을 정면으로부터 부정하는 무아설을 주장하였다. 당시의 통념과는 정반대의 사상을 설한 것이다. 무아의 가르침에 대해서는 대단히 중요하기 때문에 뒤에서 다시 말하기로 한다. 실로 불교는 그러한 의미에서는 인도 전통사상의 큰 조류 앞에서는 오히려 이단이었다. 그렇긴 해도 그 이단의 불교가 훨씬 깊은 진리를 간직하고 있었기 때문에 세계종교가 될 수 있었던 것이다.(p.13)

사실 역자로서 불교를 공부하면서 불교사상의 참신성을 이렇게 극명하게 기술한 것을 본 기억이 많지 않다. 불교는 인도의 전통 바라문교뿐만 아니라 오늘날 서양의 종교와도 분명하게 대비되는 점에서 그 철학사상의 참신함과 심오함을 발하고 있지만, 그렇더라도 그러한 입장을 명확히 밝히며 불교의 철학사상을 논술한 책은 드물다고 생각된다. 그렇지만 다케무라 선생은 이러한 불교의 참신성에 대한 확고한 입장을 전제로 하여 철학적으로 중요한 주제인 '존재·언어·마음·자연·절대자·관계·시간'에 대해 체계적인 논술을 하고 있다. 이 철학적 주제들은 인간의 삶에 있어 중요한 가치를 갖는 것으로 동서양 철학의 핵심적인 개념을 담고 있다.

이러한 중요한 주제들에 대해 선생은 불교의 폭넓은 사상체계 속에서 지적 탐구의 여정으로 나가지만, 본서가 갖는 특징이자 대단한 점은 그 핵심적인 논술이 한역으로 전해진 대승불교의 철학사상에 근거하고 있는 점이다. 곧 인도에서 전개된 불교사상이 기본적 전제로 깔려있더라도, 구체적인 논술에서는 동아시아의 불교종파인 법상종, 화엄종, 천태종, 진언종 등의 불교사상에 근거해 논술이 전개된다. 사실 동아시아의 불교사상은 그 전통과 역사가 방대하여 하나의 철학사상을 온전히 아는 것도 쉽지 않은 상황이지만, 선생은 그러한 철학사상을 종횡으로 기술하고 나아가 현대의 사상적 내지 사회적 문제에까지 대안을 제시한다. 이러한 작업은 대단한 사유와 필력을 동반하는 일인 것은 말할 필요가 없지만, 그 근저에는 동아시아에서 전개된 대승불교의 철학이 다른 어떠한 사상에도 뒤지지 않은 고도의 진리체계를 갖고 있음을 드러내려는 뜻도 담겨있다고 생각된다.

그리고 선생은 현대사회가 요구하는 다양한 가치를 불교의 철학적 체계를 통해 밝히지만, 불교의 철학은 자신을 규명하고자 하는[기사구명(己事究明)] 종교적인 목적과 뗄 수 없는 것을 강조하고 있다. 곧 불교의 철학이 종교와 밀접하게 관계하고 있는 것을 다케무라 선생은 "결 – '철학으로서 불교'라는 시점"에서 다음과 같이 말하고 있다.

> 그러나 그 종교로서의 불교 속에 극히 논리적으로 자기와 세계에 관한 진실과 진리를 규명하고 동시에 표현하여 거기에 말하자면 철학으로서의 측면이 있는 것도 사실이다. 나는 본서에서 그 방면을 소개한 것이지만, 실로 존재 · 시간 · 언어 등 광범위한 문제에 걸쳐 한없이 깊은 '지'가 불교 속에 풍부히 존재하고 있는 것이다. 혼란이 심화된 현대사회에서 이 불교의 귀중한 철학을 다시 한 번 진지하게 되돌아보는 것도 좋은 일이라 생각된다.(p.224)

곧 종교로서의 불교가 지니는 그 철학적 측면에서의 깊이와 광대함은 인간의 지적 세계를 넓히는 풍부한 자량을 제공해 주고 있음을 역설한다. 그러한 지적 풍부함을 갖는 불교의 정신이 오늘날 사회가 당면한 다양한 현실적인 문제점에 대한 해결은 물론 현대인의 정신적 갈구를 해소할 출구로 작용할 수 있음을 선생은 논술하고 있다. 그리고 결어 말미에서는 오늘날 종단 내지 교단으로서 불교의 방향성에 대해 선생은 일본불교계의 현상과 관련해 보다 구체적인 길을 제시하고 있다.(p.237) 한국불교계를 돌아보는 입장에서도 경청해야할 중요한 내용이라 생각된다.

본서의 구체적이고 상세한 부분은 향후 독자 여러분에게 맡기며, 역자로서 한 가지 고백할 것이 있다. 역자로서 본인은 근년에 들어 불교의 사상적 입장을 인도철학에서 사용하는 실체(實體, dravya)의 개념과 대비해 기술하는 입장을 취하고 있다. 곧 인도사상에 나타나는 브라흐만이나 아트만 그리고 서양 종교에서의 신과 같은 변치 않는 개념을 중시하는 입장을 실체론으로 표현하고 불교의 입장을 연기론적 입장으로서 관계주의라는 말로 표현했던 것이다. 사실 이 말을 사용한 것은 합당한 표현으로 스스로의 사색의 결과라고 생각했지만, 이 말은 본서에서도 자주 나타나고 있다. 곧 실체론적 입장과 관계주의적 입장이라는 말을 다케무라 선생도 수시로 사용하고 있다. 아마도 역자가 이 말을 쓴 것은 다케무라 선생의 본서를 읽으며 올바르고 당연한 표현이어서 자연스레 머리에 입력되어 나타난 것이 아닐까하는 생각이 든다.

본서는 불교의 정신에서 인간의 정신적 삶의 가치와 현실적 문제에 새로운 대안을 구하고자 하는 사람들에게 중요하고 의미있는 지적 세계를 열어 주리라 생각한다. 그것은 본서의 마지막 부분에서 말하고 있듯이 불교가 인류의 유산으로서 '마음의 세계유산'을 간직하고 있는 철학이자 종교이고 윤리인 까닭에 모든 사람들에게 그러한 정신적 자양분을 무한히 제공해 줄 수 있기 때문이다. 본서를 통해 불교의 사상적 가치에 대한 새로운 조명이 이루어지길 기대한다.

2025년 7월 1일
대표역자 이태승 識

철학으로서 불교 입문

발 행 | 2025년 8월 20일 초판 1쇄 발행
저 자 | 다케무라 마키오
역 자 | 이태승 권서용 이석환
대 표 | 정현정
편 집 | 이재현 장윤이 최해빈
기 획 | 정현숙
총 무 | 최재연
재 무 | 최현정
홍 보 | 김평봉
마케팅 | 정현석
디자인 | 정현주
사 진 | 정현영
펴낸곳 | 메타노이아
        경남 거제시 하청면 유계3길 36-5
        T. 010-2717-2539
편집·디자인 | 디자인앤 T. 051)852-0786 E. trendup@hanmail.net

ISBN 979-11-989675-3-4(03100)
정 가 / 26,000원